BERNHARD KRAUS

Endlich leben

Umschlaggestaltung: Neil McBeath, Stuttgart
Druck und Bindung: J. Ebner, Ulm
Gedruckt auf umweltfreundlichem,
chlorfrei gebleichtem Papier
ISBN 3-451-26103-0

BERNHARD KRAUS

Endlich leben

Mehr Lebenslust beim Älterwerden

Mit Zeichnungen
von Johannes Kraus

Herder
Freiburg · Basel · Wien

Inhalt

8,5,94

Endlich leben!

Welche Begriffe fallen Ihnen ein, wenn Sie an »Alter« denken? Diese Einstiegsfrage in eine Gesprächsrunde führt zu spontanen Antworten wie: krank, vergeßlich, hilfsbedürftig, einsam, unbeweglich, schwerhörig, stur, geizig, ängstlich, traurig, vergangenheitsorientiert... Nach etwa zwanzig solchen Begriffen protestiert die älteste Teilnehmerin: »Ist Älterwerden wirklich so schrecklich?«. Die anderen stutzen, denn tatsächlich ist ihnen zuerst eingefallen, was das Leben im Alter belastet, wovon sie überhaupt nicht - oder wenigstens noch möglichst lange nicht - betroffen sein wollen. Doch jetzt werden die Wortmeldungen ausgeglichener: zu »geizig« wird »großzügig« dazugesagt, zu »ängstlich« »mutig« und zu »einsam« »gesellig«. Am Ende dieses Gespräches steht die Erfahrung, daß »Älterwerden« ein vielfarbiger und spannender Prozeß ist, der bei jedem Menschen sehr unterschiedlich verläuft und bei dem die Gestaltungsmöglichkeiten größer sind, als die meisten meinen.

Aus solchen Gesprächen und Begegnungen ist dieses Buch entstanden, das gängigen Vorurteilen über das Älterwerden widerspricht und Mut macht, das eigene Älterwerden zu bejahen mit allen seinen Begrenzungen - aber auch mit allen seinen Möglichkeiten. Alles, was lebendig ist, wird auch älter - wer nicht mehr älter werden will, dem stirbt auch seine Lebendigkeit! Ich bin davon überzeugt, daß eine ungeschminkte Auseinandersetzung mit dem Älterwerden keineswegs in Resignation und in dunkle Gedanken hineinführen muß - im Gegenteil: wer mit zunehmenden Lebensjahren immer besser versteht, die Begrenztheiten und Endlichkeiten des Lebens anzunehmen, der gewinnt eine neue Freiheit, die niemand so schnell verderben kann: Jeder Tag und jede Begegnung werden zu kostbaren Geschenken und bereichernden Herausforderungen.

Könnte es mir dann gelingen, mein Älterwerden so zu erleben: Ich schaue vor allem auf das jetzt Mögliche und verzweifle nicht an dem, was war und mir jetzt nicht (mehr) möglich ist - und lasse mich auch nicht lähmen von dem, was kommen kann. Ich entdecke neugierig, was in mir steckt: ein großer Schatz an Erinnerung und Erfahrung, denn mein Leben ist nicht spurlos an mir vorübergegangen. Aber auch Träume, Hoffnungen und Sehnsüchte, die weit über die eigenen Lebensgrenzen hinausgreifen, bis hin zu der Vision vom »un-endlichen Leben«. Ich spüre, wie in mir die Kraft größer wird, allein zu stehen und meinen eigenen Weg zu finden - und auf andere zuzugehen und Beziehungen zu knüpfen. Ich stehe zu meinen Fähigkeiten, die sich entfalten können. Ich werde mutiger, auch Krankheit, Sterben, Trauern als einen wichtigen Teil und als Ernstfall des Lebens anzunehmen und will nicht länger vor Lebenskrisen die Augen verschließen oder gar davonlaufen. Und ich entdecke den Glauben als eine Kraft, die Zuversicht und Hoffnung begründet und immer wieder zum Aufbrechen ermutigt.

Dieses Buch ist eine Ermutigung, Älterwerden als eine Einladung zu mehr Lebendigkeit zu verstehen - eine Einladung, unsere begrenzte Zeit mit Leben und Sinn zu erfüllen, oder einfacher gesagt: endlich zu leben!

Älter werden nur die anderen?

das kostbarste des alters ist dies:
daß alles unechte von uns abfällt
und daß das alltäglich-banale
an wert gewinnt.

Wilhelm Willms

Heutzutage wird kein Mensch mehr alt.
Die noch da sind, sind alle von früher.

Karl Valentin

Alle wollen jung sterben –
und das möglichst spät.

Spruch

Welcher dieser Sätze könnte von Ihnen stammen?

- »Ich will das Leben genießen, solange es noch möglich ist.«
- »Das einzige, wofür es sich zu leben lohnt, sind Kinder.«
- »Ich bin nicht mehr jung, aber auch nicht alt.«
- »Der Vater stirbt. Der Freund erkrankt an Krebs. Auf einmal frägst du dich: wann bist du dran?«
- »Am liebsten würde ich die Uhr anhalten und nicht mehr älter werden.«
- »Wenn ich morgens in den Spiegel schaue, komme ich mir furchtbar alt vor.«
- »Bis 40 läuft alles wie geschmiert, aber dann beginnen die Reparaturen.«
- »Ich tue alles, um jünger auszusehen, als ich bin.«
- »Ich habe das Gefühl, daß sich eine ganze Menge ändern müßte - aber ich weiß nicht was und wie.«
- »Endlich kann ich tun, was ich selber will - meine Pflichten habe ich erfüllt. Jetzt habe ich es nicht mehr nötig, bei anderen gut anzukommen.«
- »Immer häufiger mache ich schlapp und habe einfach keine Lust mehr.«
- »Ich wollte haben, haben, möglichst viel und sofort - jetzt stehe ich vor einem Scherbenhaufen.«
- »Jüngere sind mir unheimlich. Sie machen mir Konkurrenz und die Zeit arbeitet für sie.«
- »Bislang farblose Menschen kommen mir auf einmal wie neugeboren und umgewandelt vor.«
- »Ich will später nicht gefragt werden: warum hast du damals nicht...«
- »Nach einer Begegnung denke ich manchmal: 'vielleicht war das eben das letzte Mal, daß wir uns gesehen haben?'«

Die Alten

Am meisten liebe ich die Alten,
die ihren Kaffee selber
und nach eigenem Rezept brauen,
die immer härter werden mit wachsendem
Muskelschwund,
die sagen:
wenn ihr unter Altersweisheit versteht,
daß man sich abfindet,
sucht euch einen Jüngeren.

Rainer Makowski

Fragen als Gesprächsanstoß

Welche Freiheiten können sich Ältere herausnehmen, die Jüngere nicht haben?

Fällt es Ihnen leicht, etwas zum Sperrmüll zu geben?

»Früher war alles besser!« - wirklich?

»Was Hänschen nicht lernt, lernt Hans nimmermehr« - wirlich?

»Bei Krankenbesuchen komme ich mir sehr hilflos vor.« Geht es Ihnen auch so?

Haben Sie schon eine Idee, wie und mit wem Sie Silvester 1999 feiern wollen?

Nennen Sie 3 sinnvolle Geschenke zum 80. Geburtstag!

»Eine verwitwete Frau sollte keine neue Beziehung eingehen!« - meinen Sie das auch?

»Mit 75 muß jeder seinen Führerschein abgeben!« Was meinen Sie dazu?

»Hauptsache gesund!« - sehen Sie das auch so?

»Bei Familienfesten gibt es viele Themen, die man besser nicht anspricht«.Erleben Sie das auch so?

Kennen Sie Menschen, die mit 60 etwas völlig Neues angefangen haben?

Würden Sie gerne auf Mallorca überwintern?

Mit welchen Gefühlen feiern Sie Geburtstag?

Schätzen Sie mal!

1. Wenn jemand heute in Deutschland seinen 60. Geburtstag feiert, wieviele Lebensjahre hat sie oder er dann durchschnittlich noch vor sich?
2. Im Jahr 1900 waren in Deutschland etwa 5 % der Bevölkerung über 60 Jahre alt. Wieviel Prozent werden im Jahr 2000 über 60 Jahre alt sein?
3. Im Jahr 1991 wurden 60 - 65jährige Frauen und Männer befragt, ob sie sich selbst als »alt« bezeichnen würden. Was meinen Sie: wieviel Prozent der Frauen und wieviel Prozent der Männer in dieser Altersstufe bezeichnen sich als »alt«?
4. Im Jahr 1960 wurden in Deutschland etwa 600.000 pflegebedürftige Menschen zuhause gepflegt. Wieviele pflegebedürftige Menschen werden heute zu Hause gepflegt?
5. Wieviel Prozent der über 90jährigen sind nicht pflegebedürftig und können abgesehen von kleineren Hilfsleistungen ihren Alltag selbständig meistern!
6. Raten Sie mal, wo der Weltrekord im 100-Meter-Lauf bei den 90-95jährigen liegt?
7. In welchem Alter wird man bei uns heute durchschnittlich Großmutter?
8. 1965 gratulierte Bundespräsident Lübke 224 Menschen zum Geburtstag, die mindestens 100 Jahre alt waren. Wievielen mindestens 100jährigen übermittelte 1993 Richard von Weizsäcker Glückwünsche?

Antworten:

1. Eine Frau, die heute 60 wird, hat durchschnittlich noch 22 Jahre, ein Mann noch 17,5 Jahre vor sich - eine längere Zeit als die Kindheit und Jugendzeit!
2. Zu Beginn des Jahrhunderts war nur etwa jeder Zwanzigste über 60 Jahre alt, zu Beginn des nächsten Jahrhunderts wird es jeder Vierte sein (ca. 25%). Bis ins Jahr 2030 werden es sogar 40 % sein!
3. 6 % der Männer und 12 % der Frauen - anscheinend haben Frauen etwas früher das Gefühl, zu »den Alten« zu gehören. Auch bei den 70 - 75jährigen hält sich nur eine Minderheit für »alt«: in dieser Altersstufe sind es 31% der Männer und nur 23% der Frauen.
4. Etwa 1,2 Millionen - also etwa doppelt so viele wie 1960. Von einem allgemeinen Trend, daß Familien pflegebedürftige Angehörige ins Heim »abschieben«, kann nicht die Rede sein! Zusätzlich leben derzeit etwa 450.000 Menschen in Heimen.
5. 60% - also weit über die Hälfte der über 90jährigen. Etwa 20% sind pflegebedürftig und leben zu hause, weitere 20% leben in einem Heim.
6. Bei den Senioren-Leichtathletik-Weltmeisterschaften lief der 90jährige Taiwanese Ching-Chang 100 m in 23,1 Sekunden.
7. Mit 46 Jahren, Großvater mit 50 Jahren; Urgroßmutter mit 69 Jahren.
8. 4259, davon 642 in den neuen Bundesländern. Für das Jahr 2000 rechnet das Bundespräsidialamt mit über 10 000 Hundertjährigen in Deutschland.

Bilder vom Älterwerden

Stellen Sie sich vor, Sie sind zu einem ganz besonderen Museumsbesuch eingeladen. In diesem Museum hängen keine Bilder oder Fotos von irgendwelchen Künstlern. In diesem Museum können Sie sich in Ruhe die Bilder anschauen, die sich in Ihrem eigenen Inneren angesammelt haben. Zur Zeit gibt es eine Ausstellung »Bilder vom Älterwerden«. Haben Sie Lust, mitzukommen und sie anzuschauen?

Im ersten Saal sehe ich die Bilder, die mir zuerst einfallen, wenn ich an »alt« denke: ein Krankenzimmer; das Auto der Sozialstation vor einem Haus; jemand im Rollstuhl; die Eingangshalle eines Pflegeheimes; das hilflose Gesicht eines verwirrten Menschen; ein Mensch an den Apparaten einer Intensivstation. Diese Bilder machen mich traurig: ich denke daran, was die alten Menschen früher konnten - jetzt können sie nicht einmal mehr selbständig das Lebensnotwendige regeln. Diese Bilder machen mich hilflos, denn sie stellen mir die Frage: Werde ich eines Tages auch so alt und hilfsbedürftig sein? Ich spüre, wie sich in mir vieles wehrt, diese Frage zuzulassen und es drängt mich, weiterzugehen.

Im nächsten Raum laden bequeme Sitzmöglichkeiten zur Rast ein und ich kann die großen und bunten Bildtafeln anschauen, die fast ein wenig an Werbeplakate erinnern: Sonnenuntergänge am Meeresstrand oder in den Bergen; in goldenes Licht getauchte Weinberge und Herbstwälder; zufriedene Menschen, auf dem »Rentnerbänkchen« vor dem Haus oder auf Parkbänken sitzend, den Seerosenteich betrachtend, den Hund neben sich. »Ruhestand« steht auf einer großen Tafel über den Bildern. Eine Zeitlang empfinde ich die Ruhe als wohltuend, aber dann werde ich unruhig: Leben im Alter - das kann doch nicht nur Stillstand im Abseits sein!

Beim Weitergehen sehe ich ganz andere Altersbilder: das 70jährige Ehepaar unterwegs im Wohnmobil nach Südspanien; der 80jährige beim Waldlauf - alljährlich erneuert er sein Sportabzeichen; die 90jährige beim Besuch des Seniorenstudiums .... aktive alte Menschen, die körperlich fit, unternehmungslustig und wißbegierig sind und nicht im Traum daran denken, sich aufs Altenteil abschieben zu lassen. »Donnerwetter«, denke ich, »was alte Menschen heutzutage noch alles auf die Beine stellen«. Aber dann lösen auch diese Bilder in mir Unbehagen aus: »Zählt« nur noch der, der »aktiv« ist und mithalten kann? Wird hier nicht ein Ideal vor Augen gehalten, das Ältere gnadenlos mit den Jüngeren mißt? Mir fallen viele Menschen ein - und es sind nicht nur Ältere - die wollen und können sich nicht »aktivieren« lassen. Werden sie in unserer »Leistungsgesellschaft« immer mehr an den Rand gedrückt und in ihrem Selbstwertgefühl immer stärker gekränkt?

Im nächsten Raum sehe ich einen alten Bauern auf dem Traktor sitzen; einen früheren Schreiner in seiner Hobbywerkstatt; die Mutter von fünf Kindern umgeben von ihren Enkeln; eine alte Ordensschwester, von früh bis spät unterwegs für ihre noch älteren Mitschwestern; den pensionierten Lehrer, der jetzt in der Volkshochschule Kurse anbietet; den Musiker, Künstler oder Schriftsteller, die erst in ihrem »Spätwerk« ihr Können voll entfalten; den früheren Geschäftsführer der Krankenkasse, der jetzt im Vorstand der Sozialstation tätig ist - Menschen, für die das Alter keinen tiefen Einschnitt in ihre Lebensgeschichte bedeutet, die anscheinend keine Altersprobleme haben, denn sie können ihre gewohnte Lebensgestaltung auch in höheren Lebensjahren weiterführen und bekommen dafür viel gesellschaftliche Anerkennung. »Beneidenswert«, denke ich - und zögere, denn ich spüre den Wunsch, im Alter auch etwas beenden zu dürfen, was bisher das Leben geprägt hat und noch einmal etwas ganz Neues und Anderes zu beginnen.

Es folgt ein Saal, in dem ältere Menschen mit anderen Menschen in Kontakt sind: Ältere in der frohen Runde Gleichaltriger; ein altes Liebespaar, das sich zärtlich berührt. Dann Ältere mit Jüngeren im Gespräch; bei einer gemeinsamen Initiative; beim solidarischen Einsatz für mehr Gerechtigkeit und für die Bewahrung unserer Lebensgrundlagen. Bei solchen Bildern wird mir schmerzlich klar, wie starke Trennungslinien normalerweise zwischen den Generationen bestehen und wie wichtig es wäre, diese Gräben immer wieder zu überbrücken.

Im folgenden Raum hängen nur Portraits: Gesichter von Menschen, Frauen und Männer, mehr oder weniger alt. Jedes Gesicht sieht anders aus, jedes ist auf seine Weise schön und voller Würde. Die Spuren vieler Lebenserfahrungen haben sich tief eingegraben, sowohl die schweren Stunden, wie auch die frohen Erlebnisse. Unter jedem Bild steht ein Name. Jeder Mensch ist einmalig, hat seine Geschichte und seine Hoffnungen, hat seine Möglichkeiten und Grenzen. Jeder hat eine Begabung, hat anderen etwas zu geben - jeder braucht auch andere zum Leben. Jeder hat Fähigkeiten und Entwicklungsmöglichkeiten. Je länger ich schaue, umso mehr wird mir bewußt, wie unterschiedlich die Menschen sind, auch wenn sie ungefähr gleich alt sind. Und es fällt mir immer schwerer, einfach von »den Alten« zu reden, denn es sind lauter einzelne Menschen.

Ich stehe im letzten Raum des Museums und staune: Da hängen ja Bilder von mir selbst! Ich als Säugling, meine Familie, die ersten Schritte, Kindergarten, Schule, Freunde, Urlaub, Menschen, die in meinem Leben wichtig geworden sind, Orte, an denen sich wichtige Schritte meines Lebens ereignet haben. Dann ein Spiegel: ich schaue mich an, wie ich geworden bin. Schaue mir ins Gesicht und bin eingeladen, mich so anzunehmen, wie ich jetzt nun einmal bin. Dann hängen einige leere Bilderrahmen: wie werde ich sein im nächsten Jahr, in zehn Jahren, oder noch später? Auf was freue ich mich - was macht mir Angst?

Mein eigenes Bild vom Älterwerden muß erst noch gemalt werden!

Immer noch unterwegs

Du gehst dein Leben auf tausend Wegen
Ein Meditationstext

Ich stelle mir vor, wie ich am Strand entlanggehe, barfuß.
Meine Füße hinterlassen Abdrücke: meine Spuren.
Der Sand ist feucht.
Mit meinen Zehen kann ich spielen, Kuhlen vergrößern, die Fersen kann ich fest nach unten pressen. Der Untergrund ist weich und gibt nach.
Meine Füße können sich bequem Raum schaffen. Dann wird sanfter Widerstand gespürt und ich merke: Ich stehe auf festem Boden und werde getragen.

Ein Spaziergang im Wald.
Meine Schritte sind weit und werden abgefedert.
Ich nehme wahr, was um mich herum wächst. Starke, hohe Bäume, dichtes Unterholz, kräftiger Farn, zartes Moos. All dies senkt seine Wurzeln in den Boden, zieht aus ihm Nahrung, wird von ihm versorgt, erhält von ihm Halt.
Ich bleibe stehen. Fest stehe ich da und spüre: In diese Erde habe auch ich meine Wurzeln getrieben, sie trägt auch mich und gibt mir Halt.

Asphaltboden.
Meine Absätze verursachen auf ihm harte Geräusche. Er bietet meinen Füßen wenig Kontaktmöglichkeit. Er gibt nicht nach. Er fordert zu schnellen Schritten, zum Weitergehen auf. Und auch auf solchen raschen Wegen trägt mich dieser Boden.
Selbst die zugepflasterte Erde trägt mich noch voller Güte.

Kein Weg gleicht dem anderen.
Es gibt enge Gassen, die mich am Vorwärtskommen hindern.
Stolpersteine und Hindernisse bremsen meinen Weg, zwingen zu Rückschritten.

Es gibt Berge, die ich erklimme.
Das Ziel vor Augen, geht es leichtfüßig bergauf. Dieses Ziel ist wie eine sprudelnde Quelle, die mich erfrischt. So beschwingt und frohen Mutes komme ich den Höhen näher. Bin ich auf dem Gipfel angekommen, kann ich aufatmen, lasse den Blick in die Ferne schweifen und fühle mich sorglos und frei.

Es gibt tiefe Täler, die ich mit festem Schritt durchwandere.
Gräben hindern mich am Weitergehen und machen Umwege erforderlich.

Es gibt dunkle Schluchten, in denen eisige Kälte herrscht.

Es gibt schmale Wege, die ich allein gehe.
Ich muß nicht rennen und hasten, kann mein Tempo selbst bestimmen und kann bei mir verweilen.

Es gibt Wege, auf denen ich anderen Menschen begegne, die sich meinem Schritt anpassen - und denen ich mich anpasse; die mich tragen - und die von mir getragen werden: Menschen, die ein Stück des Weges mit mir teilen.

Es gibt Kreuzungen und Scheidewege.
Ich muß mich entscheiden - für einen Weg und gegen andere Möglichkeiten. Ich muß loslassen und neu beginnen.

Es gibt Irrwege.
Ich brauche viel Mut und Kraft, Irrwege zu erkennen und wieder zu verlassen.

Es gibt Einbahnstraßen.
Umdrehen, zurückgehen ist nicht möglich, ich muß den Weg bis zu seinem Ende gehen.

Es gibt Kreuzwege, auf denen mir immer mehr Lasten aufgeladen werden, die mich niederdrücken und mutlos machen und meine Schritte bremsen.

Es gibt Wege im Nebel.
Meine Sicht ist eingeengt und verschleiert, so daß ich mein Ziel nicht erkennen kann.

Es gibt Sackgassen, in die ich hineinhaste und doch nicht vorwärtskomme.

Es gibt breite Wege, auf denen ich ungehindert vorwärtskomme.

Es gibt Wege, die von der Sonne bestrahlt werden. Ich kann frischen Mut auftanken und gestärkt Neuem entgegengehen.

Guter Gott,
sei mit uns auf allen unseren Wegen.
Begleite uns in Zeiten der Freude und des Glücks,
verlaß uns nicht, wenn wir allein und traurig sind.
Schenk uns deine Nähe auch auf unserem letzten Weg,
wenn wir aus dieser irdischen Zeit aufbrechen müssen.

Elfi Eichhorn-Kösler

Steh auf

Steh auf
aus deinen Sorgen
und gib dich frei
für neue Erfahrungen!

Steh auf
aus deinen Ängsten
und verlasse dich
auf die starken Kräfte in dir!

Steh auf
aus deinem Seelenlabyrinth
und suche dir
einen neuen Weg!

Steh auf
aus den Schmerzen der Vergangenheit
und laß dich ein auf das,
was dir heute begegnet!

Steh auf
aus der Enge deiner Befangenheit
und öffne in dir
neue Räume!

Steh auf
aus deinen Lähmungen
und laß dich bewegen
von Strömen der Lebendigkeit!

Steh auf
aus der Erstarrung des Todes
und laß dich durchwärmen
vom Licht einer neuen Zeit!

Christa Spilling-Nöker

Nimm ein großes Blatt
und zeichne Spiralen;
eine nach der anderen;
beginne mal innen und mal außen;
kleine und große Spiralen;
unruhige und ruhige Spiralen;
angefangene und abgebrochene Spiralen ...

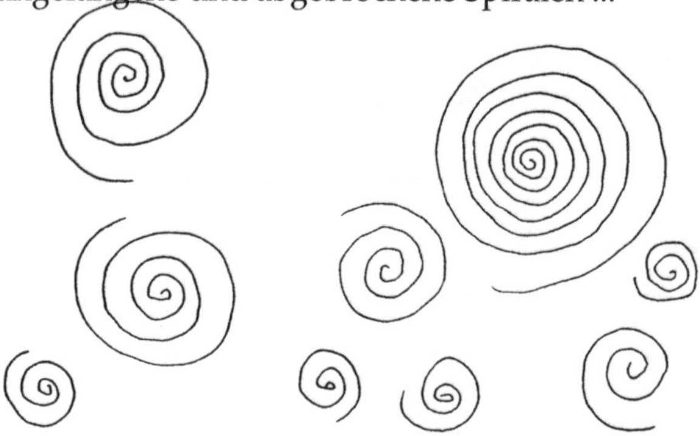

So ist mein Leben:
immer in Bewegung,
immer im Wachsen -
kein langweiliger Kreislauf;
voller Wege nach innen,
auf denen ich immer mehr
von mir selbst entdecke;
voller Wege nach außen,
auf denen ich Menschen treffe
und mich der Welt öffne.
Ich lebe aus einer Mitte,
die ich nie ganz
erreichen kann.
Meine Lebenslinie ist manchmal
zitternd und manchmal voller
Schwung...

Sei wie ein Kreisel!

Steh immer wieder auf
und laß Dich neu anstoßen,
laß das Spiel des Lebens
nicht an Dir vorbeirauschen -
begib Dich mitten hinein,
spiel mit!

Sei wie ein Kreisel:
Spür die Mitte,
in der Du ruhst,
die Dich aufrecht hält,
Dir Kraft schenkt
und Dich trägt!
Laß Dich antreiben von dem
Schwung und der Lebendigkeit,
die in Dir stecken
und andere anstecken können!

Merkst Du, wie ein kleiner Punkt
als Standpunkt ausreicht? -
Aber dieser kleine Punkt
gehört Dir ganz allein,
da steht niemand anderes,
da bist Du unvertretbar
und unverwechselbar Du.

Sei wie ein Kreisel:
Doch dreh Dich nicht nur um Dich selbst,
sei auch bereit,
weiterzutanzen zu neuen Standpunkten
auf andere zuzugehen!
Sogar Schwellen kannst Du überspringen -
wenigstens ab und zu.

Sei auch bereit,
Anstoß zu erregen,
damit wir miteinander
ins Spiel kommen können!

Wenn Du einmal mutlos bist:
nimm einen kleinen Kreisel zur Hand,
laß ihn tanzen und lausche,
was er Dir erzählen will!

Hier, wo man steht

Rabbi Bunam erzählte den Jünglingen, die zum erstenmal zu ihm kamen, die Geschichte von Eisik Sohn Jekels in Krakau. Dem war nach Jahren schwerer Not, die sein Gottvertrauen nicht erschüttert hatten, im Traum befohlen worden, in Prag unter der Brücke, die zum Königsschloß führt, nach einem Schatz zu suchen. Als der Traum zum drittenmal wiederkehrte, machte sich Eisik auf und wanderte nach Prag. Aber an der Brücke standen Tag und Nacht Wachposten, und er getraute sich nicht zu graben. Doch kam er an jedem Morgen zur Brücke und umkreiste sie bis zum Abend. Endlich fragte ihn der Hauptmann der Wache, auf sein Treiben aufmerksam geworden, freundlich, ob er hier etwas suche oder auf jemand warte. Eisik erzählte, welcher Traum ihn aus fernem Land hergeführt habe. Der Hauptmann lachte: »Und da bist du armer Kerl mit deinen zerfetzten Sohlen einem Traum zum Gefallen hergepilgert! Ja, wer den Träumen traut! Da hätte ich mich ja auch auf die Beine machen müssen, als es mir einmal im Traum befahl, nach Krakau zu wandern und in der Stube eines Juden, Eisik Sohn Jekels sollte er heißen, unterm Ofen nach einem Schatz zu graben. Eisik Sohn Jekels! Ich kann's mir vorstellen, wie ich drüben, wo die eine Hälfte der Juden Eisik und die andre Jekel heißt, alle Häuser aufreiße!«

Und er lachte wieder. Eisik verneigte sich, wanderte heim, grub den Schatz aus und baute das Bethaus, das Reb Eisik Reb Jekels Schul heißt. »Merke dir diese Geschichte«, pflegte Rabbi Bunam hinzuzufügen, »und nimm auf, was sie dir sagt: daß es etwas gibt, was du nirgends in der Welt finden kannst, und daß es doch einen Ort gibt, wo du es finden kannst.«

Martin Buber

einfach genießen
angekommen zu sein
tief Luft holen
und wahrnehmen
wie neue Kräfte
in mir wachsen

einen Moment lang
festen Halt spüren -
bevor ich mich wieder
vom Festland abstoße
und vom Wasser tragen lasse

nur ein wenig noch
meinen Blick schweifen lassen -
bevor ich mein Ziel
wieder ins Auge fasse

gleich werde ich
loslassen
und weiterziehen
bis zur nächsten Rast

Ich liebe meine Falten

*Noch kann von Alter nicht die Rede sein.
Er stutzt nur, wenn er zufällig ein früheres
Foto sieht, ein Gesicht, das es nicht mehr gibt.*

Max Frisch

*Keiner kann dich ohne deine Zustimmung
dazu bringen, daß du dir minderwertig
vorkommst.*

Elisabeth Roosevelt

*Sei freundlich zu deinem Leib,
damit deine Seele Lust hat,
darin zu wohnen!*

Theresia von Avila (1515-1582)

Älterwerden ist keine Krankheit!

Als ich eine schwere Kiste in den Kofferraum des Autos heben wollte, war es soweit: es fuhr mir mächtig »ins Kreuz« und ich lief die nächsten Tage mit »Hexenschuß« gekrümmt durch die Gegend und erregte das Mitleid vieler. »Das ist eben das Alter«, »so geht es los«, bekam ich zu hören - dabei hatte ich mich doch nur so ungeschickt gebückt und bekam jetzt die Quittung dafür, insgesamt zu wenig für meine Gesundheit getan zu haben. Aber die nur wenig tröstlichen Kommentare entsprachen einer gängigen Stimmung, die Älterwerden vor allem mit körperlichen Veränderungen und Einschränkungen gleichsetzt: Einschränkungen des Hörens und Sehens, der Beweglichkeit, des Gedächtnisses, Abnutzungserscheinungen der Haut, das erste graue Haar, Falten auf der Stirn oder am Hals. Für viele ist das Alter fast so etwas wie eine Krankheit, die jeden irgendwann einmal erwischt und die man dann geduldig zu ertragen hat, weil letztlich gegen sie kein Kraut gewachsen ist. Der häufige Gang zum Arzt, ein erschreckend hoher Medikamentenverbrauch (und Medikamentenmißbrauch) sollen diese Prozesse aufhalten - eine Änderung des Lebensstils und das Ernstnehmen von psychosomatischen Erkrankungen fallen dagegen schon schwerer. So stellt sich die Frage immer drängender, welche Vorstellung wir von »Gesundheit« und »Krankheit« haben - gerade bei älteren Menschen ist sehr auffallend, wie weit ihr »objektiver« Gesundheitszustand und ihr »subjektives« Empfinden auseinanderliegen. Ein realistischer und hilfreicher Begriff von »Gesundheit« für ältere Menschen kann immer weniger beinhalten, völlig ohne Schmerzen und körperliche Einschränkungen zu leben, da es mit zunehmenden Jahren immer mehr darum gehen muß, mit Einschränkungen leben zu lernen.

In einer Gesellschaft, die das Älterwerden verdrängt und einem »Jugendlichkeitswahn« frönt, fällt es nicht leicht, körperliche Alterungsprozesse zu akzeptieren. Bei anderen Menschen registriert man solche Veränderungen sehr genau, aber bei sich selbst schiebt man sie von sich, so lange es geht, denn »älter werden immer nur die anderen!«. So legt man dann den größten Wert darauf, jünger auszusehen, als man tatsächlich ist - besonders auffällig in Zeitungsanzeigen, in denen Bekanntschaften oder Ehepartner gesucht werden. Eine riesige »Verschönerungsindustrie« kann dieses Bedürfnis in klingende Münze umwandeln. »Man sieht ihnen Ihr Alter überhaupt nicht an!«, gilt merkwürdigerweise als ein hohes Lob - warum eigentlich soll man jemandem die Spuren seines Lebens nicht ansehen dürfen? Soll ein 70jähriger wirklich wie ein 50jähriger daherkommen oder eine 80jährige Dame mit ihrer eigenen Tochter verwechselt werden? Auffallend ist, daß besonders Frauen unter einem hohen Druck stehen, ihr Alter zu vertuschen: Während man bei älteren Männern eher davon spricht, sie hätten einen »Charakterkopf« bekommen, heißt es bei Frauen sehr viel liebloser: »Sie bekommt Falten«.

Zu ihrem 80. Geburtstag bekam eine Dame einmal folgendes Kompliment: »Sie haben sich überhaupt nicht verändert, Sie sehen ja noch genauso aus wie vor zehn Jahren!« Worauf diese antwortete: »Da muß ich aber bei meinem Siebzigsten schon arg alt ausgesehen haben«. Diese selbstbewußte Reaktion zeigt, wie befreiend es sein kann, wenn es gelingt, das eigene Älterwerden anzunehmen.

Fasching bei den Gossers. Viele schöne Frauen mit glatten Gesichtern, von der Ferne wirken sie wie Mitte Zwanzig, aus der Nähe wie Mitte Vierzig, in Wirklichkeit sind sie alt. Das verblüfft mich zunächst: wie denn, Frau Karg, die ich lange nicht gesehen habe, sieht jetzt zehn Jahre jünger aus als vor fünf Jahren? Dann freut es mich: wunderbar, so ein Sieg über den Niedergang, und gleichzeitig eine Hoffnung für uns alle... Schließlich bleibt Unruhe zurück: Etwas stimmt da nicht, ich höre Frau Karg zu, die munter von ihren Reisen erzählt - das hat sie schon vor fünf Jahren getan, bloß daß es damals nicht Kaschmir war, sondern die Karibik - und auf einmal weiß ich, was mich stört: Sie trägt ihr neues Gesicht so wie man ein Kleid trägt, von dem man weiß, daß es einem steht, selbstbewußt, froh. Nur, daß es wie ein Kleid zum Gegenstand geworden ist, hübsch, aber austauschbar

Barbara König

Ich liebe meine Falten

Die Möglichkeiten des Älterwerdens haben nur dann eine Chance in unserem Leben, wenn wir bei uns selbst »zu Hause« sind, wenn unser Äußeres und unser Inneres sich miteinander verschwistern. Ich hätte nie gedacht, daß mich einmal Lebenswichtiges mit Brigitte Bardot, der Schauspielerin mit dem berühmten Kußmündchen, verbinden würde, nämlich ihr Wort: »Ich bin stolz auf meine Falten, denn sie sind das Leben in meinem Gesicht«. Denn als meine Falten und Fältchen sichtbar mehr und mehr mein Gesicht eroberten, habe ich mir angewöhnt, sie jedesmal als Ausdruck meiner selbst freundlich zu begrüßen. Zunächst fand ich das ganz schön schwer; jetzt ist es wie ein »Spiel« mit mir selbst, das ich immer mehr »gewinne«, je bewußter ich es einübe. Was sollen eigentlich alle Versteckspiele mit kosmetischen und sonstigen Methoden - sie bringen im Grunde gar nichts. Ich stelle mir immer die Betreffenden »in natura« vor und bedauere sie jedesmal im Gedanken an Situationen wie längere Krankheit, wo sie gezwungenermaßen das entlarven müssen, was so kunstvoll kaschiert war.

Magdalena Manstein

Je älter ich werde - nunmehr bald 80 -, desto mehr scheint mir das Leben abzulaufen in der Spannung zwischen zunehmender körperlicher Schwäche mit wachsenden Ausfallerscheinungen - und neuen, positiv erlebten Erfahrungen mit mir selbst und meinen Möglichkeiten. Manchmal wundere ich mich über das, was ich noch kann, dann wieder über das, was ich nicht mehr kann. Noch schwerer, als die körperlichen Begrenzungen anzunehmen, fällt es mir, mit den kurzfristigen Schwankungen des Selbstgefühls fertig zu werden. Denn es scheint mir darauf anzukommen, die Minderungen und damit die eigene Schwäche anzunehmen und sich nicht verzweifelt oder krampfhaft dagegen zu wehren.

Marianne Dirks

verwundet und geheilt

»Älterwerden ist Loslassen und Neubeginn«, steht auf der Einladung zu einem Gespräch. Faustgroße Steine liegen in der Mitte, um die sich alle im Kreis setzen. Die Steine regen zur Besinnung und zum Gespräch an. Am Ende des Treffens ist in der Mitte des Raumes ein schönes Bild entstanden: in der Mitte brennt eine große Kerze, um sie liegen die Steine im Kreis, von denen bunte Stoffstreifen wie die Strahlen der »Oster-Sonne« wegführen.

mein Stein
Viele Steine liegen in der Mitte, jeder ist einmalig; ich wähle mir einen Stein, halte ihn in der Hand, denke über seine Geschichte nach. Im Vergleich dazu ist meine Lebensgeschichte kurz. Und doch ist meine Lebensgeschichte der Reichtum, den ich mitgebracht habe, den ich in diese Runde einbringen kann.

festhalten
Ich halte den Stein ganz fest, fühle sein Gewicht, seine Ecken und Kanten, seine Kerben und glatten Stellen: was kann er mir erzählen. Mein Stein ist kalt, er nimmt von mir Wärme an und speichert die Wärme, er schenkt mir Halt. Er steht für alles, was meinem Leben Halt gibt: meine Wurzeln in der Kindheit; Menschen in meiner Familie, Kolleginnen und Kollegen, Freundinnen und Freunde; meine Hobbys und besonderen Begabungen; der Rhythmus meines Lebens; mein Glaube; das Mitleben in der Gemeinde... ich kann mich festhalten und werde gehalten.

loslassen
Ich lasse den Stein los und lege ihn wieder in die Mitte. So wie ich in meinem Leben vieles loslassen mußte: die Kinder gehen eigene Wege, schmerzliche Trennungen, die Eltern sterben. Immer wieder muß ich eigene Möglichkeiten loslassen, die ich früher noch hatte: körperliche Fähigkeiten, meine Rolle im Beruf oder in der Familie. Ich lege den Stein in die Mitte und spüre, wie es mir beim »Loslassen« geht.

neu beginnen
Oft ist Loslassen die Voraussetzung dafür, daß etwas Neues beginnen und wachsen kann. Konnte ich diese Erfahrung auch in meinem Leben machen? Ich kann etwas davon erzählen und einen bunten Stoffstreifen zu meinem Stein legen. Der Stoffstreifen ist wie ein neuer Weg, der begonnen hat. Was sind solche neuen Wege? Ich lerne neue Seiten bei mir kennen, komme mit neuen Menschen in Kontakt, neue Gedanken und Einsichten tun sich auf, ich entdecke neue Aufgaben... so liegt in jedem Ende, auch ein Neubeginn.

aus der Mitte wächst Kraft
In die Mitte wird eine brennende Kerze gestellt. Spüre ich in meinem Leben eine Mitte, die mir immer wieder neu Kraft schenkt - auf Wegen durch »dunkle Schluchten« und bei neuen Aufbrüchen? Abraham, die Israeliten beim Auszug aus Ägypten, die Emmausjünger haben es erfahren: Gott begegnet und begleitet uns auf unseren Wegen. Kann ich diese Erfahrung in meinem Leben mitvollziehen?

weitergehen

Erst warst du irgendein Stein. Dann bist du mein Stein geworden, hast mir an deiner Geschichte Anteil gegeben, hast meine Wärme angenommen, hast vieles in mir wachgerufen und mir Halt geschenkt. Mit allen Ecken und Kanten habe ich dich liebgewonnen. Es ist mir nicht leicht gefallen, dich loszulassen und zurückzulegen, dich wieder irgendeinen Stein sein zu lassen unter vielen anderen Steinen und weiterzugehen: bereichert und verlassen, verwundet und geheilt.

Chinesische Parabel

Ein alter Mann mit Namen Chunglang, das heißt »Meister Felsen«, besaß ein kleines Gut in den Bergen. Eines Tages begab es sich, daß er eins von seinen Pferden verlor. Da kamen die Nachbarn, um ihm zu diesem Unglück ihr Beileid zu bezeugen.
Der Alte aber fragte: »Woher wollt ihr wissen, daß das ein Unglück ist?« Und siehe da: einige Tage darauf kam das Pferd wieder und brachte ein ganzes Rudel Wildpferde mit. Wiederum erschienen die Nachbarn und wollten ihm zu diesem Glücksfall ihre Glückwünsche bringen.
Der Alte vom Berge aber versetzte: »Woher wollt ihr wissen, daß das ein Glücksfall ist?«
Seit nun so viele Pferde zur Verfügung standen, begann der Sohn des Alten eine Neigung zum Reiten zu fassen, und eines Tages brach er das Bein. Da kamen sie wieder, die Nachbarn, um ihr Beileid zum Ausdruck zu bringen. Aber abermals sprach der Alte zu ihnen: »Woher wollt ihr wissen, daß dies ein Unglücksfall ist?«
Im Jahr darauf erschien die Kommission der »Langen Latten« in den Bergen, um kräftige Männer für den Stiefeldienst des Kaisers und als Sänftenträger zu holen. Den Sohn des Alten, der noch immer seinen Beinschaden hatte, nahmen sie nicht.
Chunglang mußte lächeln.

Hermann Hesse

Einsamkeit ist nicht Schicksal

In einer Gesprächsrunde klagt eine ältere Dame über ihre im Alter größer werdende Einsamkeit. Sie ist vor einigen Jahren von weither zugezogen, kurz darauf ist ihr Mann verstorben, ihre Kinder leben mehrere hundert Kilometer entfernt. Von den Einheimischen fühlt sie sich nicht akzeptiert, schon weil sie einen anderen Dialekt spricht. An Weihnachten hatte sie die Idee, acht andere alleinstehende Frauen zu einem Puten-Essen einzuladen. Aber nur zwei der Eingeladenen kamen. Etwas resigniert sagte sie: »Die Jungen wollen von uns Älteren nichts mehr wissen und Alte haben wenig Interesse an neuen Bekanntschaften«.

Auch eine Frau, die aus Korea stammt und seit 20 Jahren in Deutschland lebt, berichtet von ihren Erfahrungen: »In Deutschland tut man sich sehr schwer damit, auf Fremde zuzugehen. Zum Beispiel im Wartezimmer bei einem Arzt oder in einem Bahnabteil. In Korea wäre unvorstellbar, daß so viele Menschen auf engstem Raum zusammensitzen, jeder nur still vor sich hinschaut und man nicht miteinander spricht. Immer wieder treffe ich auf alte Menschen, die den ganzen Tag über noch mit niemandem auch nur ein Wort gesprochen haben - das ist doch furchtbar!«

Auffallend für die Koreanerin ist auch, wie groß die Distanz zwischen Kindern und älteren Menschen bei uns ist. Nicht selten kommt es sogar zu aggressiven Auseinandersetzungen. »In unserer Heimat«, so erzählt sie, »haben besonders die älteren Menschen eine starke gefühlsmäßige Nähe zu Kindern. Mein Opa zum Beispiel fühlte sich am wohlsten, wenn viele Kinder um ihn waren. Dann begann er, spannende Geschichten zu erzählen und alle hörten ihm gern zu. Er war traurig darüber, daß heutige Jugendliche nur wenig Gelegenheiten hätten, 'richtige Streiche' zu machen. Und wenn jemand über die heutige Jugend schimpfte, sagte er immer: Halten Sie den Mund, wir waren früher noch viel schlimmer!«

Das Alter macht einsam - so hört man oft. Dennoch bricht Einsamkeit über einen älteren Menschen nicht gleichsam schicksalhaft herein. Es hängt sehr von der persönlichen Lebensgeschichte, vom sozialen Umfeld und dem gesellschaftlichen Klima ab, ob Menschen sich eher in ihr Schneckenhaus zurückziehen, oder ob sie auch im Alter im Kontakt mit vielen Menschen stehen. Untersuchungen zum Thema Einsamkeit hatten ein interessantes Ergebnis: Wer im Alter unter Einsamkeit leidet, hat meistens auch in früheren Jahren wenig Kontakte außerhalb der Familie gepflegt. Zwei von drei älteren Menschen sind zwar »alleinstehend« und leben zumeist auch allein in ihrer Wohnung - aber deshalb müssen sie noch lange nicht einsam sein!

Es gibt also nicht nur die einsame alte Frau, die hinter dem Fenster sitzt und zuschaut, wie draußen das Leben an ihr vorbeigeht. Genauso gibt es auch viele Menschen, die in höheren Lebensjahren neue Kontakte und Freundschaften knüpfen, auch mit jüngeren gemeinsam initiativ werden, unternehmungslustig und neugierig sind, sich einmischen und mitreden.

Attersee
6. August 74

Wenn ich groß bin

Wenn ich groß bin, dann
ziehe ich auch bei Tisch
die Nase hoch
wie Onkel Peter,
zerdrücke ich
die Kartoffeln zu Matsch
wie Opa Franz,
kleckere ich Heidelbeerkompott
auf meine weiße Bluse
wie Tante Lene,
mache ich Kaffeeflecken
auf die Tischdecke
wie Tante Frieda,
spreche ich
mit vollem Mund
wie Vetter Klaus,
bohre ich beim Fernsehgucken
in der Nase
wie Onkel Emil,
ziehe ich unterm Tisch
meine Schuhe aus
wie Tante Klarissa,
lüge ich am Telefon
Tante Hilde an
wie Oma Luise.
Jetzt
darf ich
das alles
zwar nicht,
aber
wenn ich groß bin!

Marlies Böhm

In Hamburg, ... gibt es im Sommer in einem großen Park einmal in der Woche »Seniorentanz im Freien«. Meine Bushaltestelle liegt in der Nähe dieses Parks, und so kam es, daß ich ... hinter einem Paar im Bus saß, das von einer solchen Tanzveranstaltung zu kommen schien. Sie waren ausgezeichneter Stimmung, hielten sich bei den Händen und tuschelten und kicherten unentwegt miteinander. Kurz: sie störten die Ruhe und Langeweile in diesem Bus auf ebenso herzerfrischende Weise, wie das oft ganz junge Paare tun. Ich hatte eine anstrengende Sitzung hinter mir und einen Schreibtisch zu Hause auf mich warten und fragte mich gerade wieder einmal nach dem Sinn, der hinter diesem Leben stecken könnte und der Notwendigkeit, sich die Tage dieser 60 bis 80 Jahre, die unser Leben währt, so voller Arbeit zu laden. Und irgendwie mußte ich die beiden immerzu ansehen. Sie waren so ansteckend, so ganz und gar weise in ihrem unbedingten und fast anarchischen Willen zum Leben und zur Lust. Die Reaktionen im Bus waren unterschiedlich: Sie reichten von amüsierter Sympathie bis zum Kopfschütteln, und allen demonstrierten diese beiden: Seht her, seid nicht neidisch, wir sind ein Liebespaar. Vielleicht habe ich dieses Bild vor Augen überschätzt, aber für mich demonstrierten sie das große *Dennoch* des Lebens.

Sybille Fritsch-Oppermann

Wenn Mann und Frau
auch auf dem gleichen Kissen schlafen,
so haben sie doch unterschiedliche Träume

aus der Mongolei

allein stehen

Beim Gespräch über Ehemänner,
Töchter, Schwiegersöhne, Enkelkinder,
kann sie nicht mithalten:
ich bin alleinstehend,
sagt sie traurig.
Ihre Worte gehen mir nach:
allein stehen können,
wer hat das schon gelernt?

Und ich sehe ein kleines Kind,
wie es auf wackeligen Beinen
aufsteht,
erste Schritte wagt,
immer wieder fällt,
immer wieder zum Aufstehen
ermutigt wird,
stehen lernt.
Mit strahlenden Augen beginnt es
neue Dimensionen des Lebens
zu erobern.

Und ich sehe ein altgewordenes Ehepaar,
schon lange haben sie sich nichts mehr zu sagen,
erst anlehnungsbedürftig,
dann so sehr zu einer Einheit verschmolzen,
daß jede Spannung erloschen ist.
Völlig aufeinander angewiesen,
einer allein wäre hoffnungslos verlassen,
könnte nicht mehr stehen,
wollte nicht mehr leben.

Und ich sehe mich
und spüre
wie schwer es fällt,
mich allein auszuhalten,
zu mir zu stehen,
und nicht immer bei anderen zu sein -
wie anstrengend es ist,
verführerische Stützen und Krücken
beiseite zu legen -
wie mühsam es ist,
einen eigenen Standpunkt zu haben
und ihn auch zu vertreten,
wenn es darauf ankommt.

Erst wenn ich allein stehen kann,
gelingt es mir,
auf andere zuzugehen
und mit ihnen weiterzugehen.

Ich bin alleinstehend,
hat sie traurig gesagt.
Ich kann ihr die Trauer nicht nehmen,
aber gern würde ich ihr sagen,
daß ich sie bewundere
weil sie allein stehen kann.

Meine Kinder kommen mich heute besuchen. Sie meinen es gut mit mir. Sie sind jedoch so besorgt um mich. Sie meinen, ich sollte im Flur ein Geländer haben; in der Küche ein Telefon; daß jemand mir beim Baden helfen sollte. Sie mögen es nicht, daß ich allein bin. Hilf mir, für die Besorgnis meiner Kinder dankbar zu sein. Und hilf ihnen zu verstehen, daß ich allein zurechtkommen muß - solange ich dies vermag. Sie haben recht, wenn sie sagen, daß es Risikomomente gibt. Ich könnte hinfallen. Ich könnte vergessen, den Ofen abzustellen. Aber es gibt keine Herausforderung, keine Möglichkeit des Siegens, kein wirkliches Leben ohne Risiko. Als sie klein waren und in Bäumen kletterten und Fahrrad fuhren, war ich entsetzt - aber ich ließ sie. Sie daran zu hindern, hätte geschadet. Jetzt sind die Rollen vertauscht. Hilf ihnen, dies zu verstehen. Laß mich nicht schwierig und stur werden, aber laß mich ihnen nicht erlauben, mich in Besorgnis zu ersticken.

Verfasser unbekannt

Gebet um ein besseres Miteinander

Guter Gott!

Weil es nicht um meine Engstirnigkeit,
um mein Rechthaben geht,
sondern um ein gemeinsames Suchen
nach der bestmöglichen Lösung:
hilf mir, kompromißbereit zu werden.

Weil Nachgeben und Schlucken oft bequemer ist,
weil der Stärkere aber nicht
von vornherein im Recht ist
und der Lautstarke nicht allein
das Sagen haben darf:
hilf mir, konfliktfähiger zu werden.

Weil wir Lebensräume schaffen wollen,
in denen freies Atmen möglich ist,
in denen Träume Wurzel fassen
und Leben in seiner bunten Vielfalt aufblühen kann:
hilf mir, großzügiger zu werden.

Weil ich oft nur mich selbst reden höre
und nicht wahrhaben will,
daß andere mir etwas zu sagen haben,
das ich selbst nicht sehen kann:
hilf mir, dialogfähiger zu werden.

Weil wir nur weiterkommen können,
wenn wir uns gegenseitig
immer wieder ermutigen,
noch einmal aufzustehen und wieder anzufangen:
hilf mir, vergebungsbereiter zu werden.

Weil ich jedem Menschen zutraue,
seinen Weg selbst zu finden
und ich nicht mit Druck und Zwang
über andere herrschen will:
hilf mir, geschwisterlicher zu werden.

Zeit zum leben

Man braucht keine Zeit zum Leben,
man lebt die ganze Zeit.

Madeleine Delbrel

Man braucht sehr lange,
um jung zu werden.

Pablo Picasso

Lehre uns, unsere Tage zu zählen,
damit wir ein weises Herz gewinnen!

Psalm 90,12

Was sagen Kalender und Uhren schon über die Erfahrung von Zeit. Da kann eine Stunde so kurz sein wie eine Minute oder so lang wie ein ganzer Tag. Da kann ein erfüllter Augenblick jedes Zeitgefühl vergessen lassen und Langeweile so leer sein, daß sie die Seele auffrißt und die Zeit stehen läßt.

Im Rückblick seinem Leben Gestalt geben

Mit zunehmendem Älterwerden verschiebt sich die Wahrnehmung der Zeit: der Lebensweg, der im Rückblick überschaubar wird, wird länger. Immer wieder kreisen die Gedanken um Erlebnisse, die schon jahrzehntelang zurückliegen - Frohes, aber auch Bedrückendes wird wieder wach, denn die Fähigkeiten des »Langzeitgedächtnisses« gehören zu den Kräften, die mit zunehmenden Jahren eher zu- als abnehmen.

Der Theologe Karl Rahner hat einmal darauf hingewiesen, daß wir im Alter das Leben keineswegs »hinter uns gebracht« haben, sondern wir bringen die »Freiheitsgeschichte unseres Lebens«, mit all ihren Festgelegtheiten und unendlichen Möglichkeiten, immer wieder vor uns und versuchen zu verstehen und zu akzeptieren, wie wir unsere Lebensgestalt im Laufe unseres Lebens geschaffen haben. Rahner nennt dies nicht »Vergangenheitsbewältigung«, sondern »Neugestaltung der Vergangenheit«, denn unsere Lebensgestalt ist noch nicht fertig, sondern kann sich noch weiterentwickeln oder sogar noch einmal radikal ändern.

Wenn es gelingt, die eigene Lebensgeschichte immer mehr auch als die »Geschichte Gottes mit mir« zu entziffern, bekommt die Vergangenheit - und selbst die dunklen Seiten in ihr einen neuen Sinn und Zusammenhang, Vergangenes muß nicht mehr verdrängt oder idealisiert werden, wenn sich das Leben immer mehr zu einem unverwechselbaren »Ich« integriert. Verbitterung, die sich wie ein Bodensatz angesammelt hat, kann ausgeschieden werden und einer größeren Toleranz und Weisheit Raum lassen. Das Sich-Verschließen und sein Leben Mit-sich-selbst-Abmachen kann sich der Begegnung mit dem »Du« öffnen. Das krampfhafte Festhalten an übernommenen (auch religiösen) Formen kann von einer größeren inneren Ruhe und Gelassenheit abgelöst werden: ich kann mich so lassen und annehmen, wie ich nun einmal geworden bin - weil Gott mich schon längst so angenommen hat und »Ja« zu mir sagt. Wer sich so angenommen hat, wird auch neue Lebens- und Wachstumsmöglichkeiten bei sich entdecken, denn er muß nicht so bleiben, wie er geworden ist.

Der Vollendung entgegengehen

Noch nie hatte das Alter so viel Zukunft wie heute. War es früher eher eine Ausnahme, wenn nach Beendigung des Berufslebens und dem Auszug der Kinder aus dem Elternhaus noch einige gesunde Jahre »vergönnt« waren, so hat heute eine Frau an ihrem 60. Geburtstag noch durchschnittlich 21 Lebensjahre (ein Mann 17 Jahre) vor sich, etwa ein Viertel der gesamten Lebensdauer. Mit dieser Lebensphase kann man heute »rechnen« und steht vor der Herausforderung, sie sinnvoll zu gestalten -

eine Aufgabe, die man kaum von den Vorfahren lernen kann, weil sie diese Zeit überhaupt nicht erlebt haben. So gleicht das Älterwerden heute dem neugierigen Erkunden von »Pionieren« und »Entdeckern« in einem noch ziemlich unbekannten Kontinent.

Dennoch wird es mit zunehmenden Jahren auch immer schwieriger, den Gedanken an die Begrenztheit der eigenen Lebenszeit von sich zu schieben: die Wahrnehmung von körperlichen Veränderungsprozessen, der Verlust von lieben Menschen, Besuche in einer Klinik oder im Altenheim, der immer häufigere Gang auf den Friedhof... machen stärker und stärker bewußt: unser Dasein ist begrenzt. Es gibt unterschiedliche Möglichkeiten, auf die Begrenztheit unserer Zukunftsperspektive zu reagieren: neben Verdrängung und Hoffnungslosigkeit auch die Erfahrung von Sinn und Geborgenheit, selbst noch im Angesicht des Todes.

Jeder Tag ein kleiner Berg

»Je älter du wirst, desto schneller vergeht die Zeit, und doch ist jeder Tag ein kleiner Berg, den du übersteigen mußt, mit kurzem Atem oder an einem Stock oder gar im Rollstuhl« (Heinrich Albertz). Die Bewältigung des »heutigen Tages« ist für Menschen in jedem Alter die entscheidende Herausforderung. Hierbei gibt es im Verlauf des Älterwerdens einige Verschiebungen, auf die Freizeitforscher - die Ältere zunehmend als Konsumenten der »Freizeit-Industrie« entdecken - aufmerksam machen:

- Ältere Menschen haben keineswegs nur Freizeit, wenn unter »Freizeit« die Zeitspanne verstanden wird, die frei von notwendigen Tätigkeiten (z. B. Schlafen, Hygiene, Besorgungen, Hausarbeiten, Kochen, Essen, Gang zu Behörden und zum Arzt) verstanden wird. Der Zeitaufwand für die Bewältigung von Alltagsproblemen wird immer größer, denn kleine Stufen können plötzlich zu fast unüberwindlichen Barrieren werden oder ein ungeschickt eingerichtetes Badezimmer kann die Selbständigkeit stark beeinträchtigen.
- Das Freizeitverhalten Älterer ist individuell sehr verschieden. Viel weniger als vom Lebensalter ist es von früher ausgeübten Tätigkeiten und Interessen abhängig. Von vielen Älteren wird die »geschenkte Zeit« als eine Möglichkeit wahrgenommen, bisher im Leben Versäumtes oder Unmögliches nachzuholen: eine Sprache zu lernen, den Traum einer Reise endlich zu verwirklichen, ein Hobby zu entwickeln, sich weiterzubilden.
- Neben den finanziellen Möglichkeiten ist vor allem der Gesundheitszustand für das Freizeitverhalten bestimmend. Längst ist es nicht mehr angebracht »alt« und »krank« im gleichen Atemzug zu nennen. Etwa zwei Drittel der Älteren sind mit ihrem Gesundheitszustand zufrieden, wobei die geistigen Fähigkeiten normalerweise langsamer abnehmen als die körperlichen Kräfte. Massive Vorurteile gegenüber dem Älterwerden und alten Menschen (»In ihrem Alter tut man das nicht mehr«, »Dafür bin ich viel zu alt«) führen dazu, daß viele ihre Lebensmöglichkeiten nicht ausschöpfen, die sie eigentlich hätten.
- Moderne technische Entwicklungen haben auch den Alltag älterer Menschen verändert:

Zur Ausstattung fast jedes Haushaltes gehört mittlerweile ein Fernsehgerät, das für immer mehr Menschen das einzige »Fenster zur Welt« geworden ist. Der Fernsehkonsum nimmt mit zunehmendem Alter erschreckend zu, über 65jährige verbringen täglich durchschnittlich 3,5 Stunden vor dem Bildschirm, das ist etwa die Hälfte ihrer frei verfügbaren Zeit. Ebenso ist der Besitz von Auto und Führerschein inzwischen keine Ausnahme mehr, selbst die berühmte Oma auf dem Motorrad ist längst kein Witz mehr. Hatte vor 20 Jahren nur jeder Fünfte über 65jährige einen Führerschein, so ist es heute fast jeder Zweite.
Für soziale Kontakte wird einerseits die unmittelbare Nachbarschaft immer wichtiger, gleichzeitig sind auch große räumliche Distanzen mit Hilfe des Telefons kein Hindernis mehr, regelmäßig in Kontakt zu bleiben.

- Für viele ältere Menschen sind nach wie vor die häusliche Umgebung und die Familie die zentralen Orte ihres Lebens. Nicht wenige (vor allem Frauen) sind dabei so eingespannt, oft über die Grenze der eigenen Belastbarkeit hinaus, daß sie von »Freizeit« nur träumen können - vor allem wenn sie auch noch für die Betreuung von Enkelkindern oder die Pflege eines Angehörigen zuständig sind.
- Viel mehr ältere Menschen, als dies tatsächlich tun, wären bereit, sich im außerfamiliären Bereich zu engagieren, wenn dafür für sie akzeptable »Rahmenbedingungen« gegeben wären und sie mit ihren Fähigkeiten und Möglichkeiten ernstgenommen würden.

- Ältere wollen ihre Freizeit nicht nur unter Gleichaltrigen oder noch Älteren verbringen, sondern wollen mit Jüngeren in Kontakt sein. Da innerhalb der Familie spontane Generations-Kontakte immer seltener werden, werden gesellschaftliche Orte und Anlässe für Kontakte zwischen Menschen unterschiedlichen Alters wichtiger. Oft sind es leicht zu behebende Kleinigkeiten, die es Älteren schwer machen, an Veranstaltungen teilzunehmen: die fehlende Begleitung beim nächtlichen Heimweg, die fehlende Rampe für den Rollstuhlfahrer, die zu klein geschriebene Einladung im Gemeindebrief...

Die Vergangenheit ist kein Labyrinth, in dem man aussichtslos und ausweglos herumirren muß. Vergangenheit wird vielmehr zum fruchtbaren Boden, der Halt gibt und auf dem sich neues Leben entfalten kann.

Die Zukunft ist kein Schreckgespenst, vor dem ich die Augen schließen muß, sondern eine Einladung zur Vollendung des eigenen Lebensweges, der ich mutig und gelassen entgegengehen kann. So wird die Gegenwart, das »Jetzt«, mit allen Grenzen und Möglichkeiten zum entscheidenden Ernstfall des Lebens: geschenkte Zeit, die vertan oder mit Sinn gefüllt werden kann.

Der schrumpfende Raum

Du wirst doch nicht, sagte der Jüngere.
O nein, sagte der Ältere. Zwischen ihnen stand eine Karaffe, in der Karaffe Wein.
Aber das Leben ist ein schrumpfender Raum, sagte der Ältere.
Es wird immer wieder schön, sagte der Jüngere, oft ist es beschissen, aber es wird immer wieder schön.
Es ist ein schrumpfender Raum, sagte der Ältere, es schrumpft direkt auf dich zusammen.
Du denkst an Runzeln, sagte der Jüngere.
Nein, sagte der Ältere, das ist es nicht, ich denke wirklich an Raum, er schrumpft auch hinter uns.
Du nimmst es zu schwer, sagte der Jüngere.
Die Vergangenheit wächst schnell wie eine Lokomotive, sagte der Ältere, wie eine Lokomotive in unserem Rücken.
Du spinnst, sagte der Jüngere.
Die Lokomotive überfährt dich, sagte der Ältere, das ist das Schlimme, du weißt genau, sie kommt und überfährt dich von hinten.
Aber nicht auf der Straße, sagt der Jüngere.
Überall, sagte der Ältere, überall wird der Raum kleiner, und die Luft zum Atmen geht aus.
Niemals, sagt der Jüngere, die Luft geht niemals aus.
Ja, sagte der Ältere, du bist noch jünger, du hast noch Raum.
Nicht mehr als du, sagte der Jüngere.
Doch, du kannst weg, ich nicht mehr, sagte der Ältere, ich nicht.
Ich will doch gar nicht weg, sagte der Jüngere.
Nein, aber du könntest, wenn du wolltest, sagte der Ältere, ich nicht, auch wenn ich wollte, das ist es ja, wer alt wird, ist zu diesem Kaff verdammt.

Du hast dein eigenes Häuschen, sagte der Jüngere, so verdammt ist es nicht.
Ja, sagte der Ältere, mein Raum ist auf ein Häuschen zusammengeschrumpft.
Du hast deinen Garten, sagte der Jüngere, du hast deine Frau.
Ja, sagte der Ältere, das hab ich, aber du vergißt, daß es noch tausend Gärten und tausend Frauen gibt.
Oh, sagte der Jüngere, das ist mir neu, daß du ein solcher bist.
Ich bin es nicht, sagte der Ältere, du weißt, daß ich kein solcher bin.
Ja, sagte der Jüngere, es ist wahr.
Auch wer kein solcher ist, sagte der Ältere, denkt, er denkt sich, was noch möglich wäre.
Ja, sagte der Jüngere, es ist noch vieles möglich.
Dann aber schrumpft der Raum zusammen, sagte der Ältere, du merkst auf einmal, daß du nicht mehr denken magst, so wie du jetzt denkst, weil du jünger bist.
Das ist zu kompliziert, sagte der Jüngere.
Nein, es ist sehr einfach, sagte der Ältere, der Raum schrumpft ein.
Ach Quatsch, sagte der Jüngere.
Alles schrumpft langsam zusammen, sagte der Ältere, der ganze Raum, zuletzt bleibt nur noch ein Punkt.
Ach was, sagte der Jüngere, das Leben geht weiter.
Der Raum schrumpft ein, sagte der Ältere, du wirst das noch sehen, er schrumpft, und eines Tages kannst du dann nicht mehr atmen, weil du allein und ohne Raum bist.
Der Jüngere lachte.
Die Karaffe zwischen ihnen stand leer.

Kurt Marti

9. Mai '94
Angela

Keine Zeit, eine Heilige zu sein

Herr der Töpfe und Pfannen, ich habe keine Zeit, eine Heilige zu sein und Dir zu Wohlgefallen in der Nacht zu wachen... Mache mich zu einer Heiligen, indem ich Mahlzeiten zubereite und Teller wasche. Nimm an meine rauhen Hände, weil sie für Dich rauh geworden sind.
Kannst Du meine Spüllappen als einen Geigenbogen gelten lassen, der himmlische Harmonie hervorbringt auf einer Pfanne? Sie ist so schwer zu reinigen und ach, so abscheulich. Hörst Du, lieber Herr, die Musik, die ich meine?
Die Stunde des Gebetes ist vorbei, bis ich mein Geschirr vom Abendessen gespült habe, und dann bin ich sehr müde.
Wenn mein Herz noch am Morgen bei der Arbeit gesungen hat, ist es am Abend schon längst vor mir zu Bett gegangen. Schenke mir Dein unermüdliches Herz, daß es in mir arbeite statt des meinen...
Herr der Töpfe und Pfannen, bitte darf ich Dir anstatt gewonnener Seelen die Ermüdung anbieten, die mich ankommt beim Anblick von Kaffeesatz und angebrannten Gemüsetöpfen?
Herr, der Du das Frühstück am See zubereitet hast, vergib der Welt, die da sagt: »Was kann denn aus Nazareth Gutes kommen?«

Theresa von Avila zugeschrieben

Ich habe Zeit, sagt der Ölbaum

Es ist mir ein Trost, daß der Ölbaum sich Zeit läßt mit dem Wachsen und Früchtetragen. Er ist keine schnelle Fruchtfabrik wie manche überzüchteten Gewächse, die man sich im Zeitalter der Verschwendung gefügig gemacht hat.
Der Ölbaum läßt sich nicht drängen.
Er macht gerne ein paar Windungen und Knoten, wo andere kerzengerade aufschießen.

Wenn bei anderen vor Altersschwäche das Fruchten schon wieder versiegt, beginnt er erst so richtig Früchte anzusetzen.

Bis ein Ölbaum ertragsfähig wird, können leicht zwei Dutzend Jahre verstreichen, und nur in jedem zweiten Jahr ist mit reichlicher Ernte zu rechnen.
Er nimmt sich also Zeit, und er hat sie ja auch.
Seine Lebenserwartung geht in die Jahrhunderte.

Es soll Ölbäume geben, die bereits zur Zeitenwende auf der Erde standen und die noch heute Früchte zur Reife bringen.

Ich habe Zeit, sagt der Ölbaum, weil ich das Leben habe.

Denn was ist die wahre Zeit anderes als das Lebendige, das selbst beim Tod eines Baumes nicht zugrunde geht, sondern im lebenfähigen Samen sich unendlich erneuert und fortsetzt.

Wer keine Zeit hat und keine Ruhe, wer nicht warten kann, taugt wenig zum Ölbaumpflanzer.

Verfasser unbekannt

einfach Da-sein - ganz einfach?
eine Meditationsübung

Ich hole mir einen ungepolsterten Stuhl und suche mir einen ruhigen Ort, vielleicht zünde ich eine Kerze an oder lege eine schöne Instrumentalmusik auf. Ich gönne mir Zeit. Es muß jetzt nichts Besonderes geschehen.

Zuerst bewege ich meinen Körper im Stehen oder Sitzen nach Herzenslust: den Kopf, die Schultern, Arme, Hände, den Rumpf, die Beine, Füße und Zehen. Dann setzte ich mich möglichst aufrecht auf das vordere Drittel meines Stuhles, die Hände flach auf den Oberschenkeln, so daß ich etwa eine Viertelstunde sitzen kann.

Der BECKENRAUM ist die Mitte meines Körpers. Ich spüre den Kontakt meiner Sitzbeinhöcker zur Sitzfläche. Meine Knie und Füße sind etwa hüftbreit auseinander. Ich bewege die Fußzehen ein wenig, kralle und spreize sie, versuche wahrzunehmen, wo meine Fußsohlen aufliegen und wie sie Kontakt zum Boden haben.

Dann richte ich vom Beckenraum aus meinen Oberkörper auf. Ich bewege meine Schultern leicht nach vorne, hinten, oben, unten und lasse sie dann einfach hängen. Die Hände kann ich wie eine offene Schale ineinander legen.

Ich überprüfe meine Kopfhaltung und bringe mein Kinn noch etwas in Richtung Brustbein. Meine Lippen und Zähne liegen locker aufeinander.

Eventuell muß ich meine Sitzhaltung nochmals verändern, um möglichst entspannt zu sitzen.

Nun versuche ich, meinen ATEM wahrzunehmen, möglichst ohne ihn zu beeinflussen - einfach zu spüren, wie er von selbst geht und kommt.

Zunächst widme ich mich meiner Ausatmung. Ich spüre, wie mein Atem »tief nach unten« ausströmt. Mit jeder Atemwelle gebe ich verbrauchte Luft ab und kann vielleicht etwas von meinen Spannungen loslassen. Nur wenn ich loslasse, aus mir herausgehe, abgebe, kann ich etwas Neues aufnehmen.

Nach dem Ausatmen entsteht eine kurze »schöpferische Pause«, meine Lunge ist jetzt fast luftleer, und ich bin ganz bei mir selbst. Kann ich spüren, wie ohne großes Zutun wieder ein neues Einatmen einsetzt?

Ich verfolge den Weg der Luft, wie sie in meine Nase oder durch meinen Mund einströmt, wie sie am Gaumen vorbei durch die Bronchien in die Lunge strömt, wie sich mein Brustkorb und mein Bauch weiten und zurückgehen. Ich weiß, daß der Sauerstoff mein Blut anreichert und so mein ganzer Körper mit Wärme und Energie versorgt wird. Mit jedem Atemzug wird mir neues Leben geschenkt.

Ich lasse die Gedanken kommen und gehen, wie sie mir gerade einfallen, ohne sie festzuhalten. Wenn ich zu grübeln beginne, versuche ich wieder, mein Aus- und Einatmen wahrzunehmen. Es kann hilfreich sein, den Rhythmus des Atmens mit drei Worten, die Grundvollzüge des Lebens benennen, zu verbinden:

LOSLASSEN	(beim Ausatmen)
NEUWERDEN	(in der Atempause)
ANNEHMEN	(beim Einatmen)

Atmen ist Bewegung und Ruhe in einem, Atmen ist ein Geschenk Gottes: Gott hauchte dem Menschen seinen Atem ein und er wurde lebendig... sagen mir solche Gedanken etwas über das Geheimnis meines Atmens? Ich darf vor Gott dasitzen und mich annehmen, so wie ich nun einmal bin, er schaut mich liebevoll an und gibt mir immer wieder neue Kraft... sprechen mich diese Gedanken an?

Zum Abschluß der Meditationsübung gähne ich und atme ein paar mal tief durch; mein Atem darf hörbar sein. Bevor ich aufstehe, räkele und strecke ich mich wieder nach Herzenslust von Kopf bis Fuß.

Rebecca Schabel

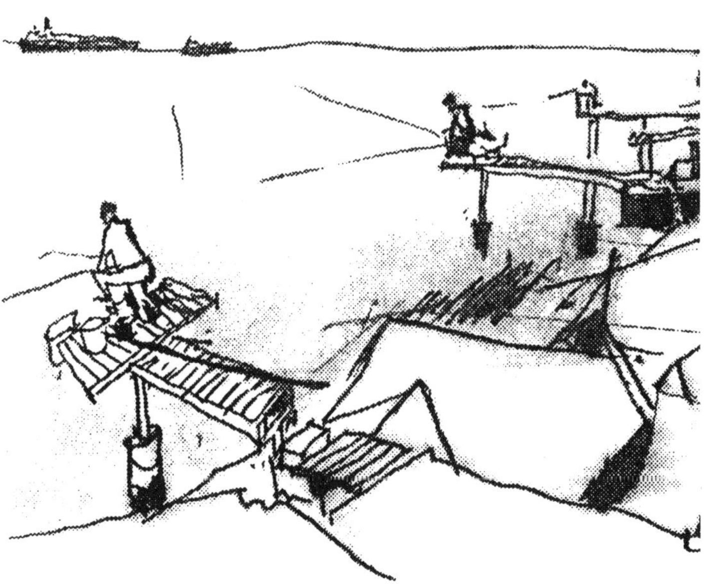

Morgenlied

Ich kann die Nacht nicht erhellen
aber spüren, wie ihr Dunkel mich hält.
Noch immer suche ich die Worte,
die sagen, wie es mir wirklich geht.

Ich will meine Ohren öffnen
und neu ins Schweigen hören.
Meinen Schatten kann ich überspringen,
wenn auch nur dann und wann.

Ich werde keine Berge versetzen,
aber klettern lernen will ich schon.
Das Meer läßt sich nicht überbrücken,
doch suche ich mir Ruder und Boot.

Ich kann aus den Träumen erwachen,
sie mitnehmen in den Tag
und meine Höhle verlassen,
gespannt, was kommen mag.

Die Abende! Wenn sie nicht ausgeht, zu Freunden, zu einem Vortrag, einer Versammlung, selten ins Theater, selten ins Konzert, noch seltener ins Kino, wenn keiner kommt - aber wer kommt schon zu einer, die nicht kochen kann, weder koreanisch noch jiddisch, noch polnisch, die ihre Gäste, nicht aus Geiz, eher aus Mangel an Phantasie, karg bewirtet? - wenn sie also den Abend allein verbringt, dann erscheint ihr das schon am Nachmittag als eine Aufgabe, die zu bestehen ist, für die man sich rüsten muß mit allerlei Vorbereitungen, soll es nicht übel ausgehen. Das heißt: Soll sie nicht der trägen Traurigkeit anheimfallen, die sich so oft mit sinkendem Licht über sie senkt, ein grauer Fetzen Tuch, unter dem Freude, Mut und Lust ersticken. Der Tag kann noch so heiter gewesen sein, ohne Schmerzen, mit erfreulichen Nachrichten, mit guten Stunden am Schreibtisch - bricht der Abend an, womöglich noch mit Glockenläuten, breitet sich das graue Tuch aus, deckt alle Freundlichkeiten der vergangenen Stunden zu, und sie sitzt da, unfähig zum Schreiben, zum Schreiben auch nur eines Briefes, zum Lesen - es wäre denn ein Krimi oder eine andere spannende Unterhaltung.

Vilma Sturm

Sonntag

wenigstens heute
keine Alltagskleider anziehen
die betriebsame Langeweile hinter mir lassen
in ein Gleichgewicht kommen
nicht an der Oberfläche bleiben

vielleicht heute
ohne Hast am Tisch sitzen
ein lang versiegtes Gespräch
wieder aufnehmen
ein Licht anzünden
ein Fest feiern

warum nicht heute
ein Lied singen
ein Spiel spielen
schweigen und hören
einen Brief schreiben

gerade heute
einen neuen Anfang suchen
die Faust öffnen
ein Vorurteil aufgeben
einen Schritt wagen

hoffentlich heute
spüren, wie der Friede schmeckt
ahnen, wo der Himmel ist
glauben, daß alles gut wird
Vertrauen schenken

nur heute
die Welt annehmen wie sie ist
nichts verändern wollen
alles lassen können
mich vor nichts fürchten

wenigstens heute
etwas zum Lob finden
von Gerechtigkeit träumen
darauf bauen, daß alles
neu werden kann

San Gimignano
16.04.93

Erinnern - träumen - erzählen

Erinnerung
ist das Geheimnis
der Erlösung

jüdisches Sprichwort

Wer die Vergangenheit nicht ehrt,
verliert die Zukunft.
Wer seine Wurzeln vernichtet,
kann nicht wachsen.

Hundertwasser

Verstehen kann man das Leben
nur rückwärts –
leben muß man es vorwärts.

Kierkegaard

sich erinnern

hinabtauchen
bis dorthin
wo Lebensgeschichten
in vielen Farben
zu finden sind

tiefer noch
im Dunkeln stöbern und
verschüttete Quellen
entdecken

aushalten
wie Vergangenes
gegenwärtig wird

langsam verstehen
wer ich bin
für andere
und für mich allein

dann Leichtigkeit spüren
eine Kraft in mir
die nach oben trägt

wieder auftauchen
alles ist noch genauso
und doch sehe ich es
neu

Lebensgeschichten erzählen

Man bat einen Rabbi, dessen Großvater ein Schüler des Baalschem gewesen war, eine Geschichte zu erzählen.

»Eine Geschichte«, sagte er, »soll man so
erzählen, daß sie selber Hilfe sei«. Und er erzählte:
»Mein Großvater war lahm. Einmal bat man ihn,
eine Geschichte von seinem Lehrer zu erzählen.
Da erzählte er, wie der heilige Baalschem beim
Beten zu hüpfen und zu tanzen pflegte.
Mein Großvater stand auf und erzählte,
und die Erzählung riß ihn so hin,
daß er hüpfend und tanzend zeigen mußte,
wie der Meister es gemacht hatte.
Von der Stunde an war er geheilt. -
So soll man Geschichten erzählen.«

Chassidische Erzählung

Auf die Frage an ältere Menschen, wie sie denn in ihrer Kindheit alte Leute erlebt haben, beschreiben sie oft, wie alte Menschen früher die Kunst des Erzählens beherrscht haben: an dunklen Winterabenden saß man in einer Stube im Kreis, alle waren mit einer Handarbeit beschäftigt, die Mutter legte ein paar Bratäpfel zum knisternden Herdfeuer, die Kinder lagen unter den Stühlen und spitzten die Ohren und hörten zu, was die Erwachsenen zu erzählen wußten.

Erzählen bedeutet, Erfahrungen und Erlebnisse zur Sprache bringen. Je länger, der bisher zurückgelegte Lebensweg ist, umso größer ist der Schatz an Lebenserfahrungen und Erlebnissen. Je älter man wird, umso mehr beschäftigt man sich mit seiner

Vergangenheit. Nicht selten findet jemand hier seinen Halt, vor allem dann, wenn die Gegenwart sehr belastend ist und die Zukunft wenig Perspektiven erkennen läßt. So kann das lebensgeschichtliche Erzählen helfen, den eigenen Lebensweg mit all seinen Höhen und Tiefen, Erfolgen und Mißerfolgen, mit Freud und Leid zu betrachten. Vielleicht gelingt es beim Erzählen, sein eigenes Leben besser anzunehmen, sich mit seiner Lebensgeschichte zu versöhnen und durch das Erinnern auch Kräfte freizusetzen, die helfen, den Alltag besser zu bewältigen. Lebensgeschichtliches Erzählen macht auch bewußt, wie gut das Gedächtnis noch funktioniert. Vieles, was verloren und vergessen schien, wird wieder gegenwärtig.

Nicht nur für den Erzähler selbst ist das Erzählen »heilsam«, auch die Zuhörenden erfahren Interessantes, werden zu eigenen Erinnerungen angeregt und werden ermutigt, auch etwas vom Schatz ihrer Lebenserfahrung weiterzugeben. Da ist es schade, wenn viele Ältere meinen: »was ich erlebt habe, das interessiert doch niemanden, das wird doch in Büchern oder im Fernsehen viel besser gezeigt« oder immer wieder zu hören bekommen: »jetzt fängst du schon wieder mit den Geschichten von der guten alten Zeit an, das kennen wir doch längst schon alles«. Wahrscheinlich haben wir heute wirklich die Kunst des Erzählens schon fast verlernt und brauchen dazu eine ermutigende, vertrauensvolle Atmosphäre und auch anregende Erzählanlässe und Erzählanstösse. Vielleicht fehlt uns auch das nötige Fingerspitzengefühl im Umgang mit Erfahrungen eines anderen Menschen, die man ihm nicht ausreden oder zurechtstutzen kann und die auch nicht verallgemeinernd mit erhobenem Zeigefinger vorgetragen werden dürfen. Ein afrikanisches Sprichwort sagt: »Wenn ein alter Mensch stirbt, ist es so, wie wenn eine ganze Bibliothek abbrennt« - schade, wenn es zu wenig Gelegenheiten gab, etwas von seinem Leben mitzuteilen und dadurch sein Leben mit anderen zu teilen.

Erzählanlässe - einige Anregungen:

- Fotos (z. B.: Meine Erstkommunion)
- symbolische Fotos oder künstlerische Darstellungen
- Gegenstände, die im Leben bedeutsam geworden sind
- Sprichwörter
- zeitgeschichtliche Ereignisse (z. B.: wie haben Sie den Tag der Währungsreform erlebt?)
- lokalgeschichtliche Ereignisse (z.B.: welche inzwischen ausgestorbenen Berufe gab es in unserem Ort?)
- Fragen zu einzelnen Lebensphasen (z. B. bei welchen Arbeiten mußten Sie als Kind mithelfen? welche Probleme hatten sie als Jugendlicher mit ihren Eltern? was war die erste größere Reise ihres Lebens?)
- Feste im Jahreskreis (z. B. welche Erinnerungen verbinden Sie mit Advent und Weihnachten?)
- Alltagstechniken (z. B. wie hat man in Notzeiten ohne Chemie und ohne technische Geräte im Haushalt gewirtschaftet?)

Elfi Eichhorn-Kösler

Verflochten im Schuldigwerden

Hätte ich doch...
begannen die Sätze
Viel von Versäumtem
kam ins Gespräch
Hätte ich doch nicht -
war die andere Weise
reuig zu sagen:
Ich würde nie mehr...

Es war wie ein Schuldbekenntnis
voreinander
als einzelne in der Gruppe
zu erzählen anfingen
und klagten:

Nie mehr würde ich
so harte Worte sagen wollen
Ich sah ihre Lippen zittern...

Nie mehr würde ich
so ohne Verständnis sein wollen
wie damals
als meine Tochter
unehelich schwanger nach Hause kam...

Hätte ich doch nicht
so blind von Eifer
meine politischen und moralischen
Ansichten vertreten
andere mundtot
mich dabei einsam gemacht

Hätte ich mehr Zeit
für meine Freunde aufgebracht
als sie noch Lust hatten
mich zu besuchen
Nicht meine Müdigkeit
oder die Arbeit vorgeschützt...

Hätte ich meiner Frau
häufiger ein Dankeschön gesagt
Ihre Mühe im Haushalt schätze ich jetzt
da sie gestorben ist...

Nie mehr würde ich meinen Kindern
so strenge Maßstäbe setzen
Hätte ich mit ihnen geredet
bevor andere es taten...

Hätten wir Eheleute doch öfter
über uns selber gesprochen
was wehtut, was wohltut
Arbeiten, wegfahren, fernsehen
schließlich voreinander
verstummen
Das war vom einen zuviel
vom andern zu wenig...

Betroffen sahen wir unser Leben
verflochten im Schuldigwerden
Waren einander plötzlich verbunden
in Mitgefühl, Nachsicht, Verstehen
Lesbarer waren jetzt unsere Gesichter
für ihre Lebensgeschichte

Vergib uns, Gott
Wir kränkten einander
behinderten uns selbst und andere
am vollen Menschsein
Laß uns ganz werden vor Dir
Trotz unserer Schuld
Mit unserer Schuld

Theresia Hauser

Wer Schmetterlinge lachen hört

Wer Schmetterlinge lachen hört,
der weiß, wie Wolken schmecken.
Der wird im Mondschein, ungestört von Furcht,
die Nacht entdecken.

Der wird zur Pflanze, wenn er will,
zum Stier, zum Narr, zum Weisen.
Und kann in einer Stunde
durchs ganze Weltall reisen.

Der weiß, daß er nichts weiß,
wie alle anderen auch nichts wissen.
Nur weiß er, was die andern
und auch er selbst noch lernen müssen.

Wer in sich fremde Ufer spürt
und den Mut hat, sich zu recken,
der wird allmählich, ungestört vor Furcht,
sich selbst entdecken.

Abwärts zu den Gipfeln
seiner selbst bricht er hinauf,
den Kampf mit seiner Unterwelt
nimmt er gelassen auf.

Wer Schmetterlinge lachen hört,
der weiß, wie Wolken schmecken.
Der wird im Mondschein, ungestört von Furcht,
die Nacht entdecken.

Wer mit sich selbst in Frieden lebt,
der wird genauso sterben
und ist selbst dann lebendiger
als alle seine Erben.

NOVALIS

Wer eine Blume pflanzt,
darf nicht mehr gefragt werden:
Warum pflanzest Du keinen Baum?

Wer einen kleinen Schritt wagt,
darf nicht mehr gefragt werden:
Warum bist Du nicht schon am Ziel?

Wer auch nur einen Gedanken zu Ende denkt,
darf nicht mehr gefragt werden:
Warum weißt Du nicht den Ausweg?

Wer noch einen Traum hat,
darf nicht mehr gefragt werden:
warum reicht Deine Hoffnung nicht für alle?

Gebet von den Philippinen

Mach uns unruhig, o Herr,
wenn wir allzu selbstzufrieden sind;
wenn unsere Träume sich erfüllt haben,
weil sie allzu klein, und eng, und beschränkt waren;
wenn wir uns im sicheren Hafen bereits am Ziel
  wähnen,
weil wir allzu dicht am Ufer entlang segelten.

Mach uns unruhig, o Herr,
wenn wir über der Fülle der Dinge, die wir besitzen,
den Durst nach den Wassern des Lebens verloren
  haben;
wenn wir, verliebt in diese Erdenzeit,
aufgehört haben, von der Ewigkeit zu träumen;
wenn wir über all den Anstrengungen,
die wir in den Aufbau der neuen Erde investieren,
unsere Vision des Neuen Himmels verblassen
  ließen.

Rüttele uns auf, o Herr,
damit wir kühner werden
und uns hinauswagen auf das weite Meer,
wo uns die Stürme deine Allmacht offenbaren,
wo wir mit schwindender Sicht auf das Ufer
die Sterne aufleuchten sehen.
Im Namen Dessen, der die Horizonte
unserer Hoffnungen weit hinausgeschoben
und die Beherzten aufgefordert hat,
ihm zu folgen.

Eröffnungsgebet von Bischof Bienvenido Tudtud bei einer Konferenz von Basisgemeinschaften

Wie einmal einem Traum Füße wuchsen

Ein Traum wollte kein Traum bleiben. Also verwandelte er sich in Worte und wollte sich weitererzählen. Aber die Worte wehrten sich und meinten: Wie sollen wir es sagen? Da sind so viele Bilder, Farben, Gefühle. Vielleicht wäre es leichter, wenn wir wüßten, was der Sinn dieses Traumes ist - aber jedes Wort zieht eine Frage nach sich, auf die wir noch keine Antwort wissen. Besser, ein Traum wird nicht zu dürren Worten und behält sein Geheimnis.

Wie recht haben die Worte, dachte der Traum. Aber weil er ein sehr schöner Traum war, wollte er trotzdem kein Traum bleiben.

Er sagte zu den Worten: es wird nicht viele Menschen geben, bei denen ihr Verständnis finden könnt und selbst bei denen habe ich Angst, Verwirrung zu stiften - schließlich weiß ich ja selbst nicht so recht, was meine Bedeutung ist.

Schließlich waren die Worte bereit, es zu versuchen. Sie überlegten hin und her, wie sie beginnen könnten und welche Gelegenheit günstig wäre - dabei verließ sie fast der Mut. Über dies und jenes konnten sie ganz gut reden. Aber über Träume - das haben sie nie gelernt.

Endlich begannen die Worte zu fließen, zaghaft zunächst, stotternd. Ohne besonders gewählt zu sein und ohne günstige Gelegenheit.

Wer bin ich? dachte da der Traum. Eine Seifenblase, die für wenige Momente durch die Luft schweben darf und in allen Farben schillern kann, bevor sie bei der kleinsten Berührung zerplatzt und verschwindet? Ein Rätsel, das auf ein dunkles Geheimnis hindeutet? Vielleicht auch eine Ermutigung, eine Aufforderung?

Und er fand keine Antwort auf seine Frage.

Bis aus dem Grübeln ein Gespräch wurde und aus dem Zögern Mut. Du bist eine Brücke, hörte er eine vertraute Stimme sagen, eine Brücke, über die ich gehen kann, um dich zu verstehen.

Der Traum hörte dies und sah viele Brücken vor sich: zuerst sah er die zerschossene Brücke von Mostar, die sich mutig über eine tiefe Schlucht gespannt hatte. Dann eine riesige Brücke in Istanbul, über die pausenlos die Menschenströme hin und her pulsieren.

Dann sah er sich selbst auf einer Brücke in schwindelnder Höhe stehen und wagte es nicht, nach unten zu schauen. Zuletzt sah er eine Klappbrücke in Holland, die über einen kleinen Kanal führte. Wenn ich eine Brücke bin, dachte er, will ich eine solche Brücke sein. Meistens bin ich hochgeklappt und viele Schiffe fahren ungehindert vorbei. Aber ich kann mich auch heruntersenken und Menschen können ans andere Ufer gehen.

So wurde die Brücke zu einem Weg und ein Kommen und Gehen begann.

Bis sie an einen großen Fluß kamen. Eine Brücke war weit und breit nicht zu sehen. Da hörte der Traum die vertraute Stimme sagen: wir werden eine Fähre nehmen.

In der Nähe lag eine Fähre am Ufer und sie konnten ans andere Ufer fahren. Der Traum ließ seine Gedanken fliegen, wie die Möwen, die um die Fähre schwirrten. Brücken werden überflüssig, wenn das Wasser trägt, dachte er. Und er staunte, wie es dem Fährmann ohne große Mühe gelang, sich von der Strömung nicht forttragen zu lassen und am gegenüberliegenden Ufer sicher anzulegen.

Der Traum spürte, daß er längst nicht mehr nur

ein Traum war. Ihm waren Hände gewachsen und Füße und alles drum und dran. Vor allem Ohren. Und da waren neue Bilder, neue Farben. Es ist wie ein Spiegel, dachte er, der mir vorgehalten wird, und ich schaue mich an und kann nicht recht glauben, daß ich das sein soll. Ein Zauberspiegel, der mir zeigt, was sonst nicht zu sehen ist, weil es tief in mir steckt. Ein Traumspiegel. Und es war wie im Frühling, wenn sich alles langsam aus der Erstarrung lösen kann und neu zu leben beginnt.

Auf einmal waren viele Bilder da, Gefühle, Hoffnungen und Ängste. Ganz hell und ganz dunkel und ganz bunt. Ganz wach und doch wie im Traum.

Vielleicht bin ich doch eine Seifenblase, dachte der Traum, der nicht mehr nur ein Traum war, aber sie ist nicht geplatzt, weil jemand behutsam seine warme Hand ausgestreckt hat, auf der meine Traumbilder landen konnten.

Wir brauchen die Träume der Alten

»Eure Söhne und Töchter werden Propheten sein,
eure Jungen werden Visionen sehen
und eure Alten Träume haben« (Joel 3,1)

Da sitzen Leute um einen Tisch,
Frauen und Männer, Junge und Alte.
Sie reden miteinander,
und sie hören zu.
Sie haben Zeit,
kein Telefon stört,
kein Fernsehapparat lockt.
Eine Kerze flackert in ihrer Mitte.
Manchmal ist es still -
dann wieder leise, tastende Worte,
die von Erlebtem und Durchlittenem sprechen,
von Frohem und Traurigem,
von Unerwartetem und Langersehntem,
von Erdachtem und Erträumtem.

Da gibt es Geschichten,
die immer wieder erzählt werden müssen,
und solche, die noch keiner gehört hat.
Da wird nicht mit erhobenem Zeigefinder
gesprochen,
und niemandem wird seine Erfahrung ausgeredet.

Je länger sie sitzen, hören und reden,
umso mehr gelingt ein Verstehen,
umso mehr weiß sich jeder angenommen,
wie er nun einmal geworden ist
und wie er noch werden kann,
umso mehr fragen die Jungen
nach den Wurzeln und dem Woher

und beginnen auch die Alten,
Zukunftsträume zu entwerfen,
die tief in ihrem Inneren wachgeworden sind.

Vielleicht muß man es am eigenen Leib spüren,
wie das Leben enger wird,
um sich so nach FÜLLE und WEITE zu sehnen.
Vielleicht braucht es die Verwundungen vieler
Jahre,
um an der Hoffnung auf
GERECHTIGKEIT und FRIEDEN festzuhalten.
Vielleicht lehrt erst Erniedrigung und
Entmachtung,
den Glauben an die WÜRDE und EINMALIGKEIT
jedes Menschen nicht aufzugeben.

Wir brauchen die Träume der Alten,
um weiter sehen zu können und tiefer,
um bedrängenden Angstträumen
nicht hilflos ausgeliefert zu sein,
um von den vielen Enttäuschungen
nicht niedergeschmettert zu werden.
Wir brauchen Alte,
die sich hartnäckig weigern,
an Todesgrenzen ihre Hoffnungsträume
aufzugeben.
Alte, die sich als Vorboten des Kommenden wissen
und als Kundschafter in einem unerforschten Land.

Diese Meditation wurde angestoßen durch eine Vision des Propheten Joel, mit der der Apostel Petrus seine Pfingstpredigt eingeleitet hat (Apg 2). Sie macht darauf aufmerksam, daß das »Reich der Alten« nicht nur die Vergangenheit ist, sondern auch die Sehnsucht nach Zukunft. Wer angesichts der Endlichkeit seines Lebens noch träumen kann, macht Mut und schenkt Hoffnung weiter, denn er sieht sein Leben in einem größeren Zusammenhang geborgen und getragen. Der Text macht aber auch schmerzlich bewußt, wie selten Orte geworden sind, an denen Gespräche über Lebens- und Glaubenserfahrungen und über Lebensträume gelingen. Allzuoft scheitern solche Gespräche, weil wir aneinander vorbeireden, zu streiten beginnen und einfach nicht zuhören können. Wo gibt es hilfreiche »geschützte Räume«, Zeiten und Gelegenheiten? Wo stehen die »runden Tische«, wo sind die »Treffpunkte«, an denen verschiedene Lebensalter und -erfahrungen zusammenkommen? Wo sind Menschen, die solche offenen Gespräche anstoßen und begleitten können?

Die neue Blume

Eine reiche Frau hatte einen großen Park, in dem viele verschiedene Blumen wuchsen. Für jede Blumensorte war eigens ein Beet angelegt, das von fleißigen Gärtnern gehegt und gepflegt wurde.
Eines Tages entdeckte ein Gärtner, wie mitten zwischen den Blumen eine neue Pflanze Wurzeln geschlagen hatte. So etwas gab es bisher noch nie. Sie hatte seltsame Blätter und Knospen - ganz anders als die übrigen Pflanzen in diesem Beet. Schon wollte er das eigenartige Gewächs ausreißen, doch da besann er sich und holte die anderen Gärtner herbei, um ihnen seinen Fund zu zeigen.
Auch diese hatten noch nie solch eine Pflanze gesehen. Sie wälzten ihre dicken Bücher durch, aber sie fanden nicht einmal einen Namen für die unbekannte Blume. »Es muß ein Unkraut sein«, sagte der erste, »denn wir haben den Samen nicht ausgesät - also weg damit!« Der zweite sprach: »Ich fürchte, daß diese namenlose Pflanze groß und stark werden wird. Sie wird den Blumen, denen dieses Beet eigentlich gehört, eines Tages die Sonne wegnehmen - los, wir wollen sie heraushacken, bevor es zu spät ist!«
»In unserem Garten besteht eine Ordnung«, sagte der dritte, »jede Blume hat nur in dem Beet zu wachsen, das ihr zugewiesen ist. Diese unbekannte Pflanze bringt uns alles durcheinander. Reißen wir sie aus und werfen sie über den Zaun - dort kann sie meinetwegen weiterwachsen!«
So waren sich die Gärtner einig und wollten sich ans Werk machen. Da erschien die Besitzerin des Gartens und sprach zu ihnen: »Ihr Narren, ihr wollt zerstören, was ihr nicht kennt. Ihr verurteilt, was

noch nicht aufblühen konnte. Ihr reißt aus, was noch keine Früchte tragen konnte. Kommt, wir wollen eine neue Ordnung für unseren Garten erlassen. Ab jetzt dürfen verschiedenartige Blumen im gleichen Beet heranwachsen.« Seit jener Zeit beobachten die Gärtner neugierig alles, was zu wachsen beginnt und freuen sich, wenn auch außerhalb ihrer Beete wunderbare Blumen aufbrechen.

Bambus

90 Jahre
nur Holz und Blätter
jetzt auf einmal
hundertfache Blüten

Nun kann das
Blattwerk vergilben
und die Wuzeln
wen sollen sie noch halten

wenn der Bambus
alle Kräfte zusammennimmt
und vor dem Sterben
in voller Blüte steht

Wie aus Pflegefall XY Frau Schneider wurde

Herr, mein Leben ist unerträglich geworden. Schon morgens wache ich mit Schmerzen auf. Dann muß ich Tabletten nehmen - diese großen langen, die ich kaum herunterschlucken kann.

Waschen und anziehen kann ich mich gerade noch, aber dann... Dann kommt Frau M., um nach dem Rechten zu sehen, doch sie geht wieder - und ich bin allein. Mit dem Radio und Fernsehen, das mich nicht interessiert, mit dem Sonnenschein, den ich nicht erreiche, weil ich nicht aus dem Haus gehen kann.

Ich soll ins Altenheim ziehen, sagt mein Sohn, sagt mein Arzt, sagt mein Verstand. Aber ich will hier nicht weg. Wo mich alles erinnert - an bessere Zeiten, an meine Familie, an frohe Feste und ausgefülltes Leben. Gott, mein Leben macht mir keine Freude mehr, ich mag es nicht mehr. Gib mir Kraft, es zu ertragen.

Verfasser unbekannt

»Wie kann man nur so verrückt sein, freiwillig in einem Altenheim mitzuarbeiten?«

Ob ich mit den Altenheimbewohnerinnen und Mitarbeiterinnen in Kontakt kommen kann? Werde ich auf verwirrte oder sterbende Menschen treffen? Werde ich es durchhalten, für zwei Monate einmal wöchentlich an einem Nachmittag im Altenheim mitzuarbeiten?

Solche Fragen brachten die 21 Schülerinnen mit, die sich zu dem Projekt »ganz in meiner Nähe... und doch weit weg!« angemeldet hatten, zum Vorbereitungstreffen mit.

Der Titel des Projektes entspricht dem Erlebnis der meisten Menschen: Altenheime sind ganz in meiner Nähe - beispielsweise liegen bei einem der beteiligten Schulen drei Altenheime in unmittelbarer Nachbarschaft, so daß die meisten Schüler auf ihrem Schulweg täglich an einem Altenheim vorbeikommen - und doch sind sie auch weit weg: fast jeder macht, solange es geht, einen möglichst großen Bogen um solche Einrichtungen. Die Türschwelle ist niedrig, sogar für Rollstuhlfahrer leicht zu überwinden. Aber dennoch ist die Hemmschwelle hoch und wird normalerweise nur von denen überwunden, die in dem Heim beruflich tätig sind oder Angehörige besuchen »müssen«.

Acht Wochen später waren alle 21 Schülerinnen noch dabei. In kleinen Gruppen haben sie in den vier beteiligten Heimen die unterschiedlichsten Erfahrungen gemacht. Wichtig waren auch die Treffen zum Austausch der Erfahrungen. Die Jugendlichen erzählten von vielen bereichernden Begegnungen mit alten Menschen und mit in der Altenhilfe beruflich Tätigen - aber auch schwierige Situationen blieben nicht aus. Einige Schülerinnen waren zum ersten Mal in ihrem Leben mit sterbenden Menschen konfrontiert. Die meisten hatten bisher wenig Kontakt mit alten Menschen, da sie dazu in ihrer eigenen Verwandtschaft keine Gelegenheit haben. Auch der »Betrieb« in einer großen sozialen Einrichtung war für fast alle eine neue Erfahrung. Aber das »mulmige Gefühl im Bauch« ist nach den ersten Besuchen gewichen. »Es ist schön, von jemand erwartet zu werden«, »wir konnten mit einigen Rollstuhlfahrerinnen in der Stadt spazierengehen, die sonst nur selten das Heim verlassen können«, »ich habe viele interessante Lebensgeschichten kennengelernt«, »nach einiger Zeit ist das Mißtrauen geschwunden«, »ich konnte eigene Schwächen und Stärken kennenlernen«, »das Alter hat für mich viel von seinem Schrecken verloren - Älterwerden gehört zum Leben dazu« - diese Äußerungen der Schülerinnen am Ende des Projektes zeigen, daß bei ihnen nicht das Mitleid für die »armen alten Menschen« im Vordergrund stand, sondern die Solidarität mit ihnen. Die Jugendlichen haben sich nicht nur als Gebende erlebt, sondern stark auch als Empfangende.

Gleichzeitig bekamen sie sogar in ihrer engsten Umgebung zu spüren, daß ihr Einsatz auf größtes Unverständnis stößt: »Willst Du Dich wirklich mit so schlimmen Erfahrungen belasten?«, fragte eine besorgte Mutter. »Wie kann man nur so verrückt sein, freiwillig in einem Altersheim zu arbeiten. Und das auch noch, ohne einen Pfennig Geld dafür zu verdienen!«, meinte ein Klassenkamerad. So war es nur recht, daß es zum Abschluß des Projektes einen Empfang der am Projekt beteiligten Jugendarbeiter, Lehrer und Altenheime im Rathaus gab, bei dem die Jugendlichen ihre Erfahrungen berichten konnten, aber auch der Oberbürgermeister und der Sozialdezernent des Landkreises nicht mit anerkennenden Worten sparten.

Die folgenden lyrischen Texte drücken Erfahrungen aus, die Jugendliche bei Begegnungen mit alten Menschen in Altenheimen gemacht haben.

Worauf warte ich?
Ich weiß nicht,
worauf ich warte,
aber ich warte.
Warte ich auf ein Wort,
einen Gedanken,
oder warte ich
auf mich selbst?

Angela
(aus der Sicht einer Heimbewohnerin)

Da sitzen sie immer noch
wie vor zwei Stunden
schauen und schweigen
sitzen in ihren Rollstühlen
auf den Bänken
in der Eingangshalle
jede auf ihrem Stammplatz.

Ich lächle ihnen freundlich zu
und gehe hinaus ins Freie
in die Freiheit
verlasse eine Welt
in der eigene Regeln gelten
die mir fremd sind.

Ich kann wieder weg -
sie müssen bleiben
und doch
gehen sie mir nach.

Verwandlung

aus dem
Pflegefall XY
wurde Frau Schneider,
die sich jedesmal freut
wenn ich komme

Überwindung

Wenige Leute wissen, wie es alten Menschen geht, wie sie leben, was sie tun, wie sie sich fühlen. Der Gedanke, auch selber mal alt zu werden, wird verdrängt. Nachdem ich lange darüber nachgedacht hatte, entschloß ich mich, an dem Projekt teilzunehmen. Es hat mich viel Überwindung gekostet, denn es gab so viele Vorurteile, die mich beeinflußten. Ich dachte, es wäre langweilig, uninteressant und vielleicht auch schockierend, alte Leute »dahinvegetieren« zu sehen. Doch ich hatte auch ein schlechtes Gewissen, wenn ich mich um diese Leute nicht kümmere. Langsam stieg mein Interesse an alten Leuten und ich schloß mich dem Projekt an. Im Ludwig-Frank-Haus wurde mir aus den vielen alten Menschen eine Frau zugeteilt. Durch langsames gegenseitiges Kennenlernen und Interesse füreinander entwickelten sich Sympatie und Zuneigung. Ich bin froh, daß ich mich am Anfang dazu überwunden habe, mitzumachen.

Simone H.

Alte Menschen
sind hinderlich.
Alte Menschen
sind zu nichts mehr
zu gebrauchen.
Alte Menschen kosten
Geld, Arbeit und Geduld.
Aber,
alte Menschen haben
viel Erfahrung.
Alte Menschen haben
viel Liebe zu geben.
Alte Menschen
sind wertvoll.
Und...
WIR WERDEN AUCH MAL ALT

Was können mir
alte Menschen geben?
Nichts?
Doch!
Wärme,
Zuneigung,
Ratschläge...
Mehr als
ich gebe
bekomme ich
auch zurück

Irene

Ohnmacht

Sie liegt vor mir im Krankenbett,
die Hand an das Gitter gebunden,
zur Sicherheit.

Ohnmächtig!

Sie kann nicht mehr sprechen,
kann nicht mehr laufen,
kann weder essen noch trinken.

Ohnmächtig!

Sie muß gewaschen werden,
sie muß gebettet werden,
sie muß umgezogen werden.

Ohnmächtig!

Starr blickt sie zur Decke,
verkrampft hält sie ihre Finger und Beine.
Ich streich' ihr über die schweißbedeckte Stirn.

Ohnmächtig!

steh ich vor ihr und bete:
Vater unser ...

Marion

Leben - vergänglich

In meinen Händen halte ich graues, langes Haar, um einen Zopf zu flechten.

Vielleicht hatte sie einmal wilde Locken?

Ich halte eine knochige, kraftlose Hand. Wer weiß, was diese Hände schon geschaffen haben!

Vorsichtig streife ich ihr die Strümpfe über die Beine. Unzählig sind die Schritte, die sie schon getan hat.

Müde und geschwächt erhebt sie sich vom Stuhl unter Stöhnen. Wer weiß, wie oft sie schon aufgestanden ist in ihrem Leben, um Neues zu schaffen, Altes zu ändern!

Sie hat keinen Appetit mehr. Ist ihr Lebenshunger, ihre Sehnsucht gestillt? *Marion*

Sinn

Was ist wichtig auf dieser Welt?
Ist es die Arbeit?
Ist es das Geld?
Ist es das Raffen?
Ist es das Schaffen?

Was ist wichtig auf dieser Welt?
Sind es die Menschen,
die sich bekämpfen?
Wo liegt der Sinn,
sag mir worin,
damit ich weiß,
woran ich bin.

Marion, 19 Jahre, während eines »Freiwilligen Sozialen Jahres« in der Altenpflege

»Wie soll das nur enden?«

Schwierige Entscheidungsprozesse zwischen Pflege in der Familie und Heimunterbringung

»Meine Mutter gebe ich auf gar keinen Fall in ein Heim. Was man aus Heimen in letzter Zeit wieder für Schauergeschichten gehört hat - nein danke!« (Eine 50jährige Hausfrau)

»Unser Tagespflegeheim ist nach den neuesten Erkenntnissen eingerichtet. Unser Team ist gut eingespielt. Die alten Menschen kommen sehr gerne. Unser Haus liegt mitten im alten Ortskern von A., doch von A. selbst kommt niemand, alle werden von den umliegenden Orten herangefahren. Die Leute hier befürchten, daß auf sie mit dem Finger gezeigt wird, wenn ihre Angehörigen hierher kommen. Lieber sperren sie ihre alte Mutter zu Hause tagsüber ein.« (Die Leiterin eines Tagespflegeheims)

»In der letzten Woche war ich zum ersten Mal wieder in der Stadt zum Einkaufen. Der Tod meines Mannes war für mich eine Erlösung. Sechs Jahre lang war ich Tag und Nacht angebunden. Ich frage mich, wie ich das überhaupt geschafft habe. Jetzt habe ich fast keine Bekannten mehr, sogar meine eigenen Kinder haben sich immer mehr zurückgezogen, weil sich alles nur noch um Vater drehte.« (Eine 75jährige Frau)

»Meiner Tochter will ich später auf keinen Fall zur Last fallen. Ich habe ihr schon mitgeteilt, daß ich mich in einem Heim angemeldet habe. Jetzt kann ich noch einen neuen Anfang schaffen - ich will doch nicht später als Notfall dort eingeliefert werden!« (Eine 81jährige Frau)

Die Beispiele ließen sich noch lange fortsetzen. Dabei würde immer mehr deutlich, wie unterschiedlich mit der Entscheidungssituation zwischen der Pflege in der Familie und der Unterbringung im Heim umgegangen wird und wie fehl am Platz Pauschalurteile sind. Belastend ist diese Frage für beide Seiten, sowohl für den älteren Menschen als auch für die pflegenden Angehörigen. Der Pflegebedürftige tut sich vor allem schwer mit dem Verlust von Fähigkeiten und Interessen, Lebens- und Zukunftsperspektiven, mit der Angst vor Ablehnung, wachsender Einsamkeit, Abhängigkeit und Hilfsbedürftigkeit, mit Schmerzen und Auseinandersetzungen mit Angehörigen. Pflegende Angehörige tun sich schwer mit den Klagen des erkrankten alten Menschen über sein Leiden, mit eigener Überforderung und Erschöpfung, mit fehlender Fachkenntnis, wachsender Isolation und den psychischen Veränderungen des Erkrankten.

Meist kommt das Problem der Pflegebedürftigkeit erst dann in der Familie zur Sprache, wenn sie unmittelbar selbst davon betroffen ist. Unterschwellig ist es aber schon lange massiv vorhanden. Viele ältere Menschen werden von der Angst vor Pflegebedürftigkeit geplagt. »Vor dem Tod habe ich keine Angst, aber vor einem langen Sterben« - diese Äußerung einer 88jährigen Frau dürfte typisch sein. Die Angst bezieht sich nicht nur auf das eigene Leiden, sondern ganz stark auch auf das Mitbetroffensein der Familie. Sie kann so groß werden, daß (vor allem von Männern) sogar eine Selbsttötung in Erwägung gezogen wird.

Auch bei den Angehörigen kann heute nicht mehr selbstverständlich davon ausgegangen werden, daß sie als Pflegende einspringen und ihre eigenen Lebenspläne und den Beruf zurückstecken, vor allem, wenn die Beziehung zwischen (Schwieger-)Eltern und Kindern angespannt ist. Etwa die Hälfte der pflegenden Angehörigen ist selbst schon über 65 Jahre alt. Zunehmend mehr alte Menschen haben überhaupt keine Angehörigen, die für die Pflege in Frage kämen. Auch diese Entwicklungen unterstreichen die Notwendigkeit, Alternativen zur Pflege in der Familie auszubauen.

Nicht nur die Sprachlosigkeit in der Familie erschwert eine offene Auseinandersetzung mit der Pflegebedürftigkeit, auch in der Öffentlichkeit sind massive Vorurteile vorhanden:

- Mit zunehmendem Alter wird man keineswegs »automatisch« pflegebedürftig. Von den über 90jährigen führen noch 60 % ihren eigenen Haushalt, 20 % werden in der Familie versorgt, und nur 20 % wohnen in einem Altenheim!
- Von Pflegeheimen ist oft im Zusammenhang mit »Abschieben« die Rede. Es wird der Eindruck erweckt, als ob immer mehr Menschen sich nicht um ihre alten Eltern oder Schwiegereltern kümmern wollten. Das Gegenteil ist der Fall: 90 % aller Pflege geschieht zu Hause; heute werden doppelt so viele alte Menschen daheim gepflegt wie vor 30 Jahren. Allerdings ist das Netz der familiären Hilfe in vielen Fällen zum Zerreißen gespannt. Viele pflegende Familien sind überfordert, besonders wenn starke psychische Veränderungen mit dem Krankheits- und Alterungsprozeß verbunden sind.
- Die Würde des nicht mehr »leistungsfähigen«, kranken älteren Menschen ist in unserer Gesellschaft bedroht. Unbedacht wird immer noch häufig von »Pflegefällen« gesprochen. Die Diskussion über Abtreibung könnte demnächst ihre

Fortsetzung in der Frage finden, ob es nicht »humaner« wäre, einem alten Menschen seinen Leidensweg abzukürzen, ihn zu »erlösen« und damit auch die Gesellschaft von der »Altenlast« zu befreien. In dieser Auseinandersetzung sind Menschen gefragt, die in Wort und Tat bezeugen, daß der Mensch in jeder Lebensphase eine unaufgebbare Würde hat und daß andere nicht über ihn verfügen dürfen.

- Viele negative Urteile über Altenheime stammen vom Hörensagen und nicht aus dem eigenen Erleben. Es ist erstaunlich, wie wenig ältere Menschen ein Altenheim von innen kennen. Die derzeitigen Probleme der stationären Altenpflege dürfen nicht verharmlost werden; dennoch sind die großen Bemühungen nicht zu übersehen, die Situation in den Heimen zu verbessern. Viele Heimbewohner fühlen sich in ihrem Altenheim wohl, vor allem solche, die aus eigenem Entschluß hierher umgezogen sind. Manche Möglichkeiten der Rehabilitation (z. B. nach einem Schlaganfall) bleiben bei häuslicher Pflege ungenutzt.
- Die Unkenntnis über häusliche Pflegehilfen, ambulante Hilfsdienste, Möglichkeiten des Umbaus von Wohnungen, Halbtagspflege, Hausnotruf, fachliche Vorbereitung und Begleitung pflegender Angehöriger, über Rechte und finanzielle Unterstützung ist nach wie vor sehr groß. Der Gang zur Behörde, das Ausfüllen von Formularen bedeuten für viele Menschen eine Überwindung. Zustehende Rechte werden auch deshalb nicht in Anspruch genommen, weil man nicht als »Sozialfall« angesehen werden will.
- Die familiären Spannungen, die durch die Pflege-

bedürftigkeit eines Familienmitglieds entstehen, werden meistens unterschätzt. Es ist nicht leicht, wenn sich die Rollen umkehren und die Tochter auf einmal zur »Mutter« der hilflosen Mutter wird. Der Druck, nach außen »heile Welt« darzustellen, ist groß. Noch mehr als bei medizinischen Fragen fällt es bei familiären Konflikten schwer, Hilfe von außen zu suchen.

Eine Idealisierung der Großfamilie, in der angeblich die Alten früher hoch geehrt und gut aufgehoben waren hilft den Betroffenen genausowenig weiter wie eine Verteufelung von Heimen. Hilfreich wäre eher die Ermutigung, sich mit dem Thema Pflegebedürftigkeit dann schon auseinanderzusetzen, wenn noch keine akute Notsituation da ist und sich über örtliche ambulante Hilfsmöglichkeiten, Informations- und Beratungsstellen zu informieren sowie auch verschiedene stationäre Einrichtungen zu kennen. Wer die Pflege eines Angehörigen übernimmt, hat ein Recht auf jede mögliche Unterstützung. Ebenso muß aber auch zugestanden werden, daß familiäre Pflege an ihre Belastungsgrenzen stoßen kann.

Wenn Du mich pflegst

Sollst Du mich *achten* als einen Menschen,
der anders ist als du, aber
genauso wertvoll ist wie jeder von uns.

Sollst Du mich *lieben* als einen Menschen,
der Liebe und Hilfe nötig hat.

Sollst Du mich als deinen Partner sehen
und mir *zumuten,* möglichst
viel Verantwortung für mich selbst
zu übernehmen.

Sollst Du Dich selbst *nicht überfordern*
und mir auch Deine Grenzen und
Schwächen zeigen.

Sollst Du Dich bemühen, es mit
mir zu tragen, wenn sich trotz
aller Mühen meine Situation
nicht bessert.

Verfasser unbekannt

Begleiten heißt nicht,
für den Leidenden das Leid
zu tragen.
Ihm ist es zugemessen, von ihm ist es zu tragen,
und es ist nicht an uns, es ihm abzunehmen.
Was wir begleitend tun können, ist das Mitgehen,
das Mittragen, und das ist nicht wenig.

Sr. Liliane Juchli

Hilf mir gehen

komm geh ein Stück
geh nicht zu weit
geh nicht zu schnell
aber geh

wart auf mich
ich brauch noch Zeit
ich komm nicht mit
laß mich nicht hier

hilf mir doch
aufzustehn
zeig einen Weg
der weiterführt

halt mich fest
ich fall noch um
und will doch stehn
gib mir die Hand

laß mich jetzt
ich glaub ich schaff's
vergiß mich nicht

Todesangst in Lebenskunst verwandeln

Das Alter ist für mich kein Kerker,
sondern ein Balkon,
von dem man zugleich weiter
und genauer sieht.

Marie Luise Kaschnitz

Es ist wenig Raum zwischen der Zeit,
wo man zu jung ist und der,
wo man zu alt ist.

Montesquieu

Älterwerden ist die Herausforderung,
seine Lebensmöglichkeiten wahrzunehmen,
Zumutungen anzunehmen und
Erfüllungen auszukosten.

Alfons Auer

Wenn sie morgens die Zeitung aufschlägt, guckt sie zuerst nach den Todesanzeigen, dem Geburtsdatum des Verstorbenen. Fällt es zusammen mit dem ihrigen oder befindet es sich wenigstens in der Nähe ihrer eigenen Jahreszahl, erschrickt sie jedesmal. Beträgt der Altersunterschied drei Jahre (oder gar mehr), fühlt sie sich erleichtert: drei Jahre, das ist noch eine ansehnliche Spanne, dreimal Frühling mit jungem Grün und Apfelblüte, Flieder und Goldregen, dreimal Sommer, Lindenduft und kühle Schatten im Buchenwald, dreimal Herbst mit flammendem Laub und Kartoffelfeuern auf dem Acker - den Winter schenkt sie sich, den mag sie nicht, er ist nichts als kalt und Schnee nichts als beschwerlich. Dreimal die Matthäus- oder die Johannespassion, auch Mozart und Haydn und Schubert noch viele Male.

Vilma Sturm

Ohne Tod

Wenn einer sich vornähme, das Wort Tod nicht mehr zu benützen, auch kein anderes, das mit dem Tod zusammenhängt, mit dem Menschentod oder mit dem Sterben der Natur. Ein ganzes Buch würde er schreiben, ein Buch ohne Tod, ohne Angst vor dem Sterben, ohne Vermissen der Toten, die natürlich auch nicht vorkommen dürften, ebensowenig wie Friedhöfe, sterbende Häuser, tödliche Waffen, Autounfälle, Mord. Er hätte es nicht leicht, dieser Schreibende, jeden Augenblick müßte er sich zur Ordnung rufen, etwas, das sich eingeschlichen hat, wieder austilgen, schon der Sonnenuntergang wäre gefährlich, schon ein Abschied, und das braune Blatt, das herabweht, erschrocken streicht er das braune Blatt. Nur wachsende Tage, nur Kinder und junge Leute, nur rasche Schritte, Hoffnung und Zukunft, ein schönes Buch, ein paradiesisches Buch.

Marie Luise Kaschnitz

Ich frage mich, aus welcher Quelle meine Hoffnung kommen soll. Am ehesten findet man sie noch in der Arbeit, die einem Freude macht. Da bin ich eigentlich gut dran, nicht? Eine andere Quelle - so seltsam das klingen mag - ist der Gedanke an den Tod. Ich lebe viel intensiver und dankbarer, seitdem ich weiß, daß ich vielleicht bald sterben könnte, daß Leben gar nicht so selbstverständlich ist und jederzeit abrufbar.

•

Wir lassen uns mit allem so viel Zeit, als ob wir ewig zu leben hätten!

•

Todesangst in Lebenskunst verwandeln! Ich glaube, das tu ich jetzt.

•

Mensch, Erika, wenn man weiß oder denkt, daß man bald sterben wird! In so einer Situation warst Du hoffentlich noch nicht. Ich möcht sie aber nicht missen, ich hab seit dieser Zeit neue Augen. Das zu erklären würde zu weit führen. Vielleicht ein anderes Mal, nicht?

Maxie Wander

Das doppelte Gesicht

In einem alten weisen Buch wird berichtet, daß der Engel des Todes, der zum Menschen herniederschwebt, um seine Seele vom Leib zu trennen, ganz bedeckt ist mit vielen Augen. Warum ist das so? Höre, warum der Engel so viele Augen braucht, wo er doch alles im Himmel gesehen hat und ihm auch auf Erden nichts verborgen ist: Er braucht sie nicht für sich selbst. Es kommt vor, daß der Engel des Todes, wenn er eine Seele holen will, sich überzeugt hat, daß er zu früh gekommen ist und für den Menschen noch nicht die Stunde geschlagen hat, die Erde zu verlassen. Dann rührt er dessen Seele nicht an, zeigt sich ihr nicht einmal. Aber er hinterläßt dem Menschen, ehe er sich entfernt, noch zwei Augen, von seinen zahllosen eigenen. Jetzt beginnt der Mensch plötzlich außer dem, was alle sehen und was er selbst mit seinen alten Augen sieht, noch etwas ganz Neues zu sehen. Er sieht mit den vom Engel hinterlassenen Augen auf eine neue Art, so als ob etwas gleichzeitig ist und nicht ist, so als ob etwas verschwindet, wenn es in Erscheinung tritt und in Erscheinung tritt, wenn es verschwindet. Da aber die übrigen Sinnesorgane und sogar unsere Vernunft mit dem gewöhnlichen Sehen übereinstimmen, so erscheinen die neuen Visionen unsinnig und phantastisch, ja sogar unberechtigt. Denn die früheren, natürlichen Augen, bezeugen bisweilen gerade das Gegenteil dessen, was die neuen Augen wahrnehmen. Und dann beginnt ein Kampf zwischen den beiden Gesichtern - dem natürlichen und dem übernatürlichen - ein Kampf, dessen Ausgang genauso geheimnisvoll ist wie sein Anfang.

nach einer russischen Erzählung

Daheim

Ich gehe jetzt heim,
hast du als Kind gesagt
als dir alles zuviel wurde
und du dorthin zurück wolltest
wo du sicher und geborgen bist.

»Heimat« - wo ist das für dich?
Dort, wo man deinen Namen kennt?
Dort, wo du weißt, wie die Straßen heißen?
Dort, wo deine Sprache gesprochen wird?

Später wurde dir vieles zu eng,
du mußtest weg von zuhause.
Dorthin, wo du Luft zum Leben hast,
wo niemand auf dich wartet,
wo du frei und unabhängig sein kannst,
wo das Unterwegs dein Daheim wird.

Bis der Wunsch entstand,
seßhaft zu werden,
ein eigenes Heim zu gründen,
da zu bleiben,
wo dich jemand versteht,
wo dich jemand erwartet
und sein Leben mit dir teilt.
Und du spürst,
wie Wurzeln wachsen
und Zweige zu blühen beginnen.

Aber irgendwann,
alt und krank geworden,
mußt du wieder Abschied nehmen
von vielem Liebgewonnenen,

daheim ausziehen,
entwurzelt,
verunsichert.

Laßt mich nach Hause gehen
bittest du die Schwester der Pflegestation
und sie sagt dir:
Aber Sie sind doch hier zu Hause -
und glaubt es selbst nicht so recht.

Vielleicht
werde auch ich einmal
in einem kleinen Zimmer leben müssen,
dort allein ausharren,
gefesselt an ein Bett.
Daheim nur noch in meinem Körper,
der mich plagt
und aus dem ich nicht einfach ausziehen kann
wie aus einer heruntergekommenen Altbauwohnung.

Wird es mir gelingen,
in mir selbst daheim zu sein?
Werde ich tief in mir eine Kraft spüren,
die mich hält und trägt,
vielleicht sogar Geborgenheit schenkt?

Er ist heimgegangen,
wird es bei der Beerdigung heißen,
aber sag:
wo ist jemand wirklich daheim?

Kleines Beispiel

Auch ungelebtes Leben
geht zu Ende
zwar vielleicht langsamer
wie eine Batterie
in einer Taschenlampe
die keiner benutzt

Aber das hilft nicht viel:
Wenn man
(sagen wir einmal)
diese Taschenlampe
nach so- und sovielen Jahren
anknipsen will
kommt kein Atemzug Licht mehr heraus
und wenn du sie aufmachst
findest du nur deine Knochen
und falls du Pech hast
auch diese
schon ganz zerfressen

Da hättest du
genau so gut
leuchten können

Erich Fried

Noch ein wenig,
ein wenig bleib sitzen!
Es tut so wohl,
dein Schweigen...

Noch ein wenig,
ein wenig lege deine warme Hand
auf meine kalte!
Sie tut so wohl,
die Wärme...

Noch ein wenig,
ein wenig schau mich an!
Augen sind ein Wunder,
und die deinen sind voll Freundschaft...

Nur ein wenig noch -
die Nacht wird lang,
und mir wird bang sein.
Dann werde ich deiner gedenken,
der warmen Hand,
der guten Augen,
des taktvollen Schweigens.
Wenn deine Blumen lange verwelkt sind,
werden diese Minuten lebendig sein,
immer noch,
in meinem Herzen,
und sie werden es bleiben,
wenn die Krankheit gegangen ist.
Ganz gewiß.

Ich danke dir,
danke dir sehr,
es bedeutet mehr,
viel mehr, als du ahnst. *Hilde Hofmann*

Man spürte, daß es bis ins letzte echt und schlicht gemeint und ganz ohne Überschwang und Frömmelei war, wenn sie immer wieder versicherte, daß sie sich wie vor einem Vorhang fühle, der sich bald öffnen werde, oder wenn sie an ihrem 78. Geburtstag, genau eine Woche vor dem Todestag, meinte: »Das wäre mein schönstes Geburtstagsgeschenk, wenn mich der liebe Gott sterben ließe.« Hinter dieser Todesbereitschaft steckte weder Lebensüberdruß, noch war sie eine Kapitulation vor den wachsenden Schmerzen. Bis zuletzt wurde jede kleine Freude dankbar aufgenommen, die Besuche der Enkelkinder und deren Spiel im Garten (das, zusammen mit den Fortschritten des aufblühenden Flieders, in einem eigens angebrachten Spiegel betrachtet wurde), jedes Liebeszeichen der zahlreichen Besucher. ... Kostbar war jeder Augenblick, den wir in diesen letzten Tagen vor dem friedlichen Hinüberschlummern bei ihr verbringen durften... die Kinder gingen ohne jede Scheu immer wieder zu ihr hinein, um von neuem Abschied von ihr zu nehmen. So stark lebte man noch tagelang nach dem Tod im Bewußtsein ihrer Nähe, daß eine lähmende Trauer nicht eigentlich aufkommen konnte. Das Tor zum Leben hatte sich ihr geöffnet, so war unsere Empfindung.

Marianne Dirks
über das Sterben ihrer Schwiegermutter

Abschiednehmen

Wortlos öffnet eine mir unbekannte Frau die Tür und führt mich an das Bett, in dem ihre tote Mutter liegt. Gerade war ihr Todeskampf zu Ende gegangen, drei Zigarettenkippen liegen im Aschenbecher, die Tochter setzt sich schluchzend wieder auf ihren Stuhl.

Ich spüre meine Hilflosigkeit, in einer fremden Wohnung bei unbekannten Menschen - ich spüre die Hilflosigkeit der Tochter. Nach einiger Zeit beginnt sie zu erzählen: sie hatte nicht mehr viel Kontakt zu ihrer Mutter, erst gestern sei sie angereist gekommen, als jemand anrief, daß es mit der Mutter zu Ende ging. Die ganze Nacht saß sie am Sterbebett, die Mutter war nicht mehr ansprechbar - und ihr wäre so vieles eingefallen, was sie ihr noch gerne gesagt hätte. Weil sie wußte, daß ihre Mutter doch ab und zu in die Kirche gegangen sei, dachte sie, daß es ihr bestimmt recht ist, wenn der Pfarrer zur »letzten Ölung« kommt. So rief sie im Pfarrhaus an, die Pfarrsekretärin versprach, daß jemand vorbeikomme, aber der Pfarrer sei im Urlaub - so kam es, daß ich mich zu der angegebenen Adresse auf den Weg machte.

Nach einiger Zeit fragte ich, ob ich eine Kerze anzünden dürfe und einen Psalm vorlesen könne. Später beteten wir zusammen ein Vater-Unser und sprachen über den Frieden und die Erlösung, die auf dem Gesicht der gestorbenen Mutter sichtbar waren. Ich sprach von dem Glauben, daß das Leben der Mutter bei Gott vollendet wird. Es war eine kostbare halbe Stunde des Abschiednehmens, bevor sich der Arzt und das Beerdigungsunternehmen anmeldeten.

Noch lange ging mir diese Begegnung nach: das Gefühl der Ohnmacht; das hilflose Suchen nach Worten, die mir auf einmal alle so aufgesetzt und unpassend vorkamen; die Gewißheit der Endgültigkeit: jetzt ist es zu spät, was jetzt nicht gesagt ist, kann nicht mehr gesagt werden. Ich sehe noch die drei ausgedrückten Zigarettenkippen vor mir und spüre meine Sehnsucht nach verständlichen, hilfreichen und »heilsamen« Zeichen, die den Prozeß des Abschiednehmens begleiten, deuten und aus der Sicht des Glaubens in einen größeren Zusammenhang stellen.

Man sagt mir,

ich solle es nicht so schwer nehmen
Man sagt mir,
das Leben ginge weiter
Man sagt mir,
jeder müßte lernen, Verluste zu überwinden
Man sagt mir,
jede Prüfung des Lebens brächte mich weiter
Man sagt mir,
die Zeit läßt jeden Schmerz vergehen
ABER
hier und jetzt bin ich allein!
Mein Gott
laß mich nicht allein
in diesen Abgrund stürzen
strecke deine Hand aus
und fange mich im Fluge ab
bevor ich am Boden zerbreche

Tina Krug

Gewisser Überdruß

Ich mag allein nicht überdrüssig sein,
ich möchte, du wärst überdrüssig zusammen
mit mir.

Ich will, daß du überdrüssig bist mit mir
alles dessen, was da wohlgemacht.
Alles dessen, was uns altern läßt.
Dessen, was sie vorbereitet haben,
die anderen zu ermüden.

Seien wir überdrüssig dessen, was da tötet,
und dessen, was nicht sterben will.

Pablo Neruda

Der Vollendung entgegengehen

Wenn sie ihren Lebensweg mit einer Linie darstellen sollten, würden viele Menschen das Leben am Anfang als Aufwärtslinie zeichnen, irgendwann haben sie die »Höhe des Lebens« erreicht und von da an geht es dann bergab - immer schneller und immer tiefer, vielleicht »verendet« die Lebenslinie sogar in einem dunklen Abgrund. Das Älterwerden wird dabei als eine abfallende Linie gesehen, im »Abwärtstrend« liegend und ist mit einer Grundstimmung verbunden, die niedergeschlagen und depressiv macht.

Ich will dem ein anderes Bild entgegenhalten und dazu einladen, das eigene Leben einmal im Bild einer Wanderung auf einen Berg hinaus zu sehen. Ein solcher Weg ist kein Spaziergang, er ist anstrengend, da liegen auch Stolpersteine auf dem Weg - und doch ist jeder Aufstieg ein einzigartiges Erlebnis.

Was können wir bei einer solchen Bergwanderung »gewinnen« und über ein gelingendes Älterwerden erfahren?

Schritt für Schritt kann ich etwas von der Hektik und Betriebsamkeit der Stadt hinter mir lassen und es wird langsam um mich und in mir ruhiger - könnte nicht eine zunehmende Ruhe und Gelassenheit auch zu den »Gewinnen« des Älterwerdens gehören?

Oft hängt das Tal noch voller Dunst und Nebel. Je höher der Weg führt, umso größer wird die Klarheit. Ich kann mich besser orientieren, kann meinen Weg besser überschauen, sehe ein Ziel und wenn ich zurückschaue, überblicke ich, welchen Weg ich schon gegangen bin. Könnte eine größere Klarheit nicht auch eine Frucht des Älterwerdens sein - Klarheit darüber, wofür es sich einzusetzen lohnt und wofür nicht, welches mein Ziel und mein Weg ist - und was nicht?

Unterwegs wächst mein Sinn für Kleinigkeiten am Wegrand. Ich bleibe staunend vor einer Blume stehen, schaue einem Käfer zu, entdecke zwei fröhliche Schmetterlinge. Könnte es nicht auch ein Gewinn des Älterwerdens sein, die scheinbar kleinen Dinge in einem neuen Licht und in einer tieferen Bedeutung wahrzunehmen?

Am Anfang verläuft der Weg durch ein Tal, ich habe wenig Aussicht, sehe nur die gegenüberliegende Talseite. Je höher ich komme, umso weiter wird mein Horizont. Auf einmal sehe ich andere Berge und mein Blick wird immer weiter. Könnte es nicht auch ein Gewinn des Älterwerdens sein, das eigene Leben in einem weiten Horizont und in immer umfassender werdenden Zusammenhängen zu sehen?

Was gibt es schöneres, als schließlich auf dem Gipfel eines Berges angekommen zu sein. Erst die durchgestandenen Mühen und Plagen machen diesen Moment so kostbar und beglückend.

In meiner Gegend gibt es viele Kreuzwege, die einen Berg hinaufführen. Kreuzwege beginnen nie oben auf dem Berg und enden unten im Tal - ein Hinweis dafür, Kreuzwege als ein Bild für unseren Lebensweg zu sehen, der letztlich auch nicht nach »unten«, sondern nach »oben« führt.

Auf den Darstellungen des Kreuzweges, begegnet uns Jesus, der seinen letzten Weg geht und sein Kreuz trägt. Wir alle haben unser Kreuz zu schleppen, meistens konnten wir es uns nicht aussuchen, sondern es wurde uns aufgeladen und wir mußten es annehmen. Dreimal wird bei den Kreuzwegstationen gezeigt, wie Jesus unter seiner Last zusammenbricht. Auch diese Erfahrung ist uns nicht fremd: ich kann nicht mehr! Es ist mir alles zuviel geworden! Ich bin am Ende mit meinen Kräften! Jetzt ist mir alles egal!

Aber wahrscheinlich ging es uns auch schon so: Ich kann doch wieder aufstehen. In mir sind noch Kräfte, die ich mir selbst gar nicht zugetraut hätte. Oder da kreuzt jemand zufällig meinen Weg wie Simon von Cyrene, der mir die Last für ein kurzes Wegstück abnehmen kann. Oder da gibt es jemanden wie Veronika, die mir ein Tuch reicht und einen Moment zum Luftholen schenkt. Oder da stehen Frauen am Weg, die nicht davongelaufen sind wie alle anderen, sondern dableiben, mitfühlen, mitleiden und so das Leid und auch ihre eigene Ohnmacht aushalten. Und wie oft sind wir für andere solche Simons, Veronikas oder mitfühlende Menschen!

Beim Meditieren der Kreuzwegstationen wird mir bewußt, daß Gott nicht nur am Ziel unseres Lebensweges auf uns wartet, sondern er ist auch mit uns unterwegs und begleitet unsere Wege durch Höhen und Tiefen. Gott ist nicht der Ferne geblieben, er hat in Jesus unser Schicksal geteilt, der seinen Kreuzweg bis zum Ende gegangen ist.

In der Nähe von Freiburg führt ein Kreuzweg aus dem Ibental hinauf auf den Lindenberg. Der Weg endet an einer kleinen Kirche bei einem Brunnen, auf dem ein Psalmwort steht: »Alle meine Quellen entspringen in Dir«. Der erste Schluck, der die ausgetrocknete Kehle nach einem mühsamen Weg berührt, ist fast wie ein »Vorgeschmack des Himmels«. Ich sehe in diesem Brunnen ein schönes Bild für das Ziel unseres Lebensweges: die Vollendung aller unserer zaghaften und bruchstückhaften Bemühungen wird uns an einem Rastplatz geschenkt, an dem neue Lebensquellen aufbrechen und eine neue ungeahnte Gemeinschaft mit Gott und untereinander möglich wird. Wir müssen unseren Weg selbst Schritt für Schritt zu Ende gehen - aber die Vollendung unseres Lebens wird uns geschenkt, so wie das frische und lebensspendende Wasser aus dem Brunnen springt.

Ich lade Sie ein, Ihr Leben im Bild eines Weges zu sehen, der auf einen Berg hinaufführt - ein steiler Weg, ein Kreuzweg. Ich lade Sie ein, Hoffnungsbilder für das Ziel dieses Weges auszumalen, denn wir könen nur in Bildern über das verheißene Ziel unseres Lebens reden.

10 Zusagen an Ostern

Du wirst deinen eigenen Weg gehen,
einen Weg, den noch niemand vor dir gegangen ist

Du wirst dein Gesicht nicht länger verstecken
nicht dein Lachen,
nicht deine Augen, wenn sie traurig sind

Du wirst deine Wunden zeigen können
und zu deinen Begrenztheiten stehen

Du wirst Schmerz und Traurigkeit nicht fliehen
und die Dunkelheit aushalten

Du wirst die Kraft deiner Wurzeln spüren
und dich vor Stürmen nicht fürchten

Du wirst sterben lassen können, was tot ist,
und Raum lassen für neue Lebendigkeit

Du wirst staunen,
wie das Leben unsere engen Gedankenschubladen
sprengt

Du wirst die kostbaren Augenblicke festhalten,
in denen dich Vertrauen und Zuneigung beflügeln

Du wirst unbändige Lebenskräfte in dir entdecken,
die Fesseln abstreifen und Mauern überspringen
können

Du wirst erleben,
wie der Glaube aneinander Menschen auferweckt

Henri Nouwen erlebte einmal

in einem Zirkus berühmte Trapezkünstler und war ganz hingerissen davon, als er sie durch die Luft fliegen sah und wie sie sich gegenseitig in waghalsig-eleganten Schwüngen losließen und wieder auffingen. Nouwen hatte dann kurz darauf die Gelegenheit, einen der Künstler im Zirkus zu sprechen. Es war der Leiter der Truppe und sie sprachen übers Fliegen durch die Luft.

Der Artist sagte: »Als Luftspringer muß ich absolutes Vertrauen in den haben, der mich auffängt. Sie und das Publikum halten vielleicht mich für den großen Star am Trapez, aber der wirkliche Star ist Joe, mein Fänger. Er muß für mich im Bruchteil einer Sekunde parat sein und mich aus der Luft angeln, wenn ich in hohem Bogen auf ihn zufliege. Das Geheimnis besteht darin, daß der Flieger nichts tut und der Fänger alles! Wenn ich auf Joe zufliege, muß ich bloß meine Arme und Hände ausstrecken und darauf warten, daß er mich auffängt und sicher auf die Rampe zurücksetzt.«

Auf eine entsprechende Frage Nouwens antwortet der Künstler: »Nein, ich tue dabei wirklich nichts. Das Schlimmste, was der Flieger tun kann, ist, nach dem Fänger greifen zu wollen. Aber ich soll ja nicht den Joe auffangen, sondern er mich. Würde ich nach Joes Handgelenken greifen, könnte ich sie brechen oder er könnte die meinen brechen und das wäre für uns beide das Aus. Ein Flieger soll nichts als fliegen, ein Fänger nichts als auffangen. Und der Flieger muß mit ausgestreckten Armen völlig darauf vertrauen, daß sein Fänger im richtigen Augenblick nach ihm greift!«

Kommt einem da nicht der Ausspruch Jesu in den Sinn »Vater, in deine Hände lege ich meinen Geist«? Sterben heißt, völlig auf den Fänger vertrauen! Und wenn man sich eines Sterbenden annimmt, sagt man zu ihm: »Hab keine Angst. Denk daran, du bist Gottes geliebtes Kind. Er wird zur Stelle sein, wenn du deinen großen Sprung machst. Versuch nicht, nach ihm zu greifen, denn er greift nach dir. Streck einfach die Arme und Hände weit aus und vertrau, vertrau, vertrau!«

Quelle unbekannt

Am Ende die Rechnung

Einmal wird uns gewiß
die Rechnung präsentiert
für den Sonnenschein
und das Rauschen der Blätter,
die sanften Maiglöckchen
und die dunklen Tannen,
für den Schnee und den Wind,
den Vogelflug und das Gras
und die Schmetterlinge,
für die Luft, die wir
geatmet haben, und den
Blick auf die Sterne
und für alle die Tage,
die Abende und die Nächte.

Einmal wird es Zeit,
daß wir aufbrechen und
bezahlen,
bitte die Rechnung.
Doch wir haben sie
ohne den Wirt gemacht:
Ich habe euch eingeladen,
sagt der und lacht,
soweit die Erde reicht:
Es war mir ein Vergnügen!

Lothar Zenetti

Verwurzelt in der Erde dem Himmel entgegenwachsen

*Ergehe dich lieber in Wäldern
statt in Büchern.
Bäume und Steine werden dich lehren,
was du von Lehrern
nicht zu hören bekommst.*

Bernhard von Clairvaux

Bäume sind ein uraltes Symbol des Lebens: verwurzelt in der Erde strecken sie sich dem Himmel entgegen. In ihren Zweigen wohnen die Vögel. Von ihren Früchten kann man leben. In ihrem Schatten kann man ausruhen. Jeder Baum ist aus einem kleinen Samen entstanden und in vielen Jahren herangewachsen. Jeder Jahresring in einer Baumscheibe ist unterschiedlich. Jeder Baum ist einzigartig, einmalig. Die Wurzeln des Baumes sieht man nicht. Sie geben dem Baum Halt und sie strecken sich zum Wasser, das Leben ermöglicht, aus.

Viele Menschen haben ihren »Lieblingsbaum«, den sie immer wieder besuchen und dessen Wachstum und Veränderungen sie mitverfolgen. Ich gehe immer wieder gerne auf den Schauinsland. Dort stehen hoch oben auf der Bergkuppe die »Windbuchen«. Fast das ganze Jahr über weht ein Wind oder sogar ein Sturm vom Elsaß her. Im Winter liegt hier meterhoch Schnee. Das Leben an diesem rauhen Ort hat die »Windbuchen« geprägt.

Könnte man die Windbuchen befragen, würden sie vielleicht sagen: »Sicher könnten wir uns einen bequemeren Platz zum Wachsen denken. Vielleicht in einem Park, in geschützter Lage in mildem Klima, wo Gärtner dafür sorgen, daß wir genug Wasser und gedüngten Boden haben«. Vielleicht würden sie auch einfach sagen: »Wir haben uns den Platz nicht ausgesucht, wo wir Wurzeln geschlagen haben. Aber jetzt sind wir hier zu Hause. Hier in dieser harten Gegend haben wir gelernt, zu leben« ... und dann würden sie vielleicht etwas von der Wildheit und der Spannung erzählen, die nur erleben kann, wer bereit ist, an Grenzen vorzustoßen und ein riskantes Leben zu führen, so daß die zurechtgestutzten Parkbäumchen sogar für einen Moment vor Neid erblassen würden.

Diese »Windbuchen« sind für mich auch Sinnbild für ein mutiges Älterwerden. Ihr Leben ist hart und voller Entbehrung, manchen Ast mußten sie lassen, weil der Schnee zu schwer oder der Sturm zu stark war. Sie haben überlebt, weil sie sich dem Wind nicht stur entgegengestellt haben - dann hätte der Wind sie schnell umgeknickt - sie haben sich zerzausen und beugen lassen, aber sie haben standgehalten und sind nicht umgefallen. So stehen sie trotzig auf der Höhe des Berges. Nach jedem Winter sehen sie völlig abgestorben und kahl aus - doch wenige warme Sonnentage genügen, und schon knospt frisches Grün auf. So ist in vielen Jahren jede dieser Buchen zu ihrer ganz einmaligen Gestalt herangewachsen.

Der Boden ist dort oben auf dem Schauinsland sehr dünn, gleich unter der Grasnarbe beginnt der Fels. Und dennoch haben es die Windbuchen geschafft, sich mit ihren Wurzeln festzukrallen.

Wenn ich mein eigenes Leben in diesen Bäumen sehe, so frage ich mich: woher nehme ich den Halt und die Kraft, den Stürmen des Lebens zu trotzen, standzuhalten und die Hoffnung nicht aufzugeben. Wohin strecke ich meine Wurzeln aus, wo finden sie Wasser zum Leben und sicheren Halt?

Für mich ist der Glaube mit einer solchen Wurzel vergleichbar, denn »Glauben« heißt nicht in erster Linie, ein Gebäude von Glaubenssätzen für wahrscheinlich zu halten oder allzeit einen moralisch erhobenen Zeigefinger vor Augen zu haben. »Glauben« heißt zu allererst, tief in sich Gott als eine Kraft wahrzunehmen, die das Leben trägt und hält, die mich immer wieder neu mit Mut und Hoffnung erfüllt, die mein Leben sich entfalten und aufblühen läßt - vor allem, wenn es stürmisch zugeht, wenn es dunkel und kalt um mich wird. Es ist für mich immer wieder eine aufregende Erfahrung, im Gespräch mit älteren Menschen zu hören, wo sie in ihrem Leben Glaubenserfahrungen machen konnten, die ihre Lebenseinstellung und ihren Lebensstil geprägt haben.

Ich möcht', daß einer mit mir geht

Zwei Menschen unterwegs:
enttäuscht, mutlos.
Wofür sie sich eingesetzt haben,
war gescheitert -
jetzt lassen sie einen Trümmerhaufen hinter sich.
Ihre Gespräche drehen sich endlos im Kreis:
wo ist der Sinn, die Bedeutung ihrer Erlebnisse?
So gehen sie,
der untergehenden Sonne entgegen
ins Dunkel.

Die Runde derer, die versucht, ihre eigene Lebenserfahrung in der Erfahrung der beiden »Emmaus-Jünger« zu entdecken, tut sich nicht leicht. »Die können nicht diskutieren«, sagte mir der Leiter des Altenclubs schon vorher. Fast entschuldigend fügte er hinzu: »Unsere Generation hat das eben nicht gelernt.«

Ich beginne den biblischen Text nachzuerzählen, so daß alle sich in die beiden auf ihrem Weg nach Emmaus hineindenken können: Die beiden Jünger, denen Jesus auf ihrem Weg nach Emmaus begegnet und den sie nicht erkennen. Erst als er am Abend mit ihnen gemeinsam ißt und trinkt, merken sie, daß er es ist, der sie den ganzen Tag begleitet hat, der ihnen die Schriften ausgelegt hat. Dann lade ich ein, eigene Erfahrungen mitzuteilen. »Zum Glück sind die beiden Jünger nicht allein«, sagt schließlich jemand nach einer längeren Pause, »solche Wege kann man allein nicht durchstehen.« Schweigen. »Wo sind die anderen? Die haben sich hinter dicken Mauern eingeschlossen. Die haben sich vor Angst verkrochen. Die beiden sind mutiger und sind davongelaufen, um vielleicht doch noch mal neu zu beginnen. Auch mir war es schon oft zum Davonlaufen, aber ich hatte keinen Mut.« Das ist der Schlüssel für andere, von ihren Enttäuschungen und niederschmetternden Erfahrungen zu erzählen: die Kinder, die eigene Wege gehen, zu denen kaum noch Kontakt besteht; die Beziehung zum Ehepartner, die nach langen Jahren nun leer und brüchig erscheint; der Rückblick auf das Berufsleben; die lange Pflege der Schwiegermutter und der Weg durch die Trauerzeit; Verletzungen und Enttäuschungen von kirchlichen Amtsträgern...

Ein Fremder kommt dazu, teilt ihren Weg,
nimmt ihre Schrittlänge an,
kann zuhören,
zeigt Interesse an dem,
was sie bewegt und bedrückt.
Da bleiben sie traurig stehen
und berichten nochmals alles
von Anfang an.

Wir erzählen einander von »zufälligen« Begegnungen, die bereichernd waren; von der beglückenden Erfahrung, wenn es gelungen ist, Fremdes und Neues nicht abzuwehren; von Weggemeinschaften, bei denen es möglich war, Sorgen und Plagen auszusprechen, die lange heruntergeschluckt wurden; von Menschen, die zuhören können, sich nicht heraushalten, die nicht gleich anfangen zu vertrösten und zu harmonisieren; von Situationen, in denen es möglich war, den Alltagstrott zu unterbrechen, zurückzuschauen und dem Sinn und Zusammenhang alles Erlebten nachzugehen.

Die Frage, ob in all dem Gott unsere Wege begleitet - ob wir selbst für andere Gott vergegenwärtigen- bringt eine Wende in das Gespräch: »Ich habe gelernt, daß Gott der ganz Ferne ist, der hoch über mir thront, der streng ist und mich überwacht, vor dem ich ganz klein bin und von dem ich fast erschlagen werde.« Andere bestätigen, daß auch ihr »Gottesbild« kaum anders aussieht. Ich erschrecke, wie weit das Gottesbild vieler (nicht nur) älterer Menschen vom biblischen Gott entfernt ist. Nur wenig hat es zu tun mit dem gütigen Vater, dessen Nähe in Jesus Christus deutlich wurde, der unsere Wege auch durch »dunkle Schluchten« (Ps 23,4) begleitet, der sich mitten in unser Leben und unsere Beziehungen hineingegeben hat...

Alle Worte gehen ins Leere,
erst als Er sich mitteilt
im Zeichen von Brot und Wein,
springt der Funke über,
wird zur Gewißheit, daß Er bei ihnen ist
und ihre Trauer verwandelt hat in neuen Lebensmut.
Da gehen ihnen die Augen auf:
Brannte nicht unser Herz,
als wir mit Ihm zusammen waren?
Mitten in der Nacht
machen sie sich nochmals auf den Weg.
Verflogen ist ihre Müdigkeit.
Sie laufen zu den anderen,
um die frohe Botschaft weiterzuerzählen.

Solche Stimmungsumschwünge hat jeder erlebt und dabei erfahren, daß Zeichen mehr bewirken können als alle Worte. Kleine Zeichen der Zuneigung, der Ermutigung, der Versöhnung; leicht übersehbare Zeichen der Gegenwart Gottes in der Schöpfung, im Zusammenleben und im eigenen Leben. Das Zeugnis der Frauen vom leeren Grab und der Botschaft des Engels kam bei den beiden Emmaus-Jüngern nicht an, ebensowenig die Schriftauslegung durch den Fremden. Erst bei der Tischgemeinschaft, wie er das Brot mit ihnen brach und Gott lobte, konnten sie verstehen und merken, daß ihnen »das Herz« brannte. So ist auch die Gegenwart Gottes in unserer Lebensgeschichte nur mit offenem Herzen wahrnehmbar. Alle Worte, wenn sie noch so richtig sind, gehen sonst ins Leere. Damit diese Offenheit wachsen kann, ist eine Atmosphäre des Vertrauens Voraussetzung. Die beiden Jünger sehen das bisher Erlebte in neuem Licht. Nun hat die Nacht ihre Schrecken verloren. Sie haben eine Perspektive und sehen eine Aufgabe. Da hält sie nichts mehr, sie eilen zu den anderen und berichten, wem sie auf ihrem Weg begegnet sind. Aufbruchsbereitschaft - könnte das nicht eine Grundhaltung beim Älterwerden sein?

Bernhard Kraus

Sich berühren lassen

Es gibt Menschen, von denen geht etwas aus, das mich froh und gesund macht. So wie manche schlechte Laune verbreiten wie eine ansteckende Krankheit, ist ihre Offenheit und Lebensfreude wie eine ansteckende Gesundheit. Mit solchen Menschen bin ich einfach gern zusammen, denen will ich möglichst nah sein, weil ich spüre, wie gut das tut. Was sind das für Menschen? Nicht in erster Linie solche, die etwas Tolles vollbringen oder gut daherreden können - die beeindrucken mich vielleicht, aber mehr lösen sie bei mir nicht aus. Es sind eher die, bei denen ich spüre, daß sie auch an mir Interesse haben, die ein Gespür dafür haben, wie es mir geht, deren Leben mit meinem Leben Berührungspunkte hat. Erst dann können sie auch mich berühren. Erst dann rühren sie etwas an in mir.

Berühren - das geht doch ganz einfach, werden die meisten sagen. Je länger ich darüber nachdenke, umso mehr wird mir klar, welch eine große Kunst das Berühren und das Sich-Berühren-Lassen ist.

Im Lande »rühr mich nicht an« beispielsweise, hat man diese Kunst verlernt. Hier wohnen viele Leute. Sie wohnen sogar ziemlich eng aufeinander, aber doch sind alle ganz für sich. Die Häuser sehen hier aus wie große Schneckenhäuser. Man kann sich ganz tief in sie hineinverkriechen. Aber in jedem Schneckenhaus hat nur ein einziger Mensch Platz. Meistens sitzen die Bewohner vom Land »rühr mich nicht an« tief in ihren Häusern und sind mit ihrem eigenen Kram beschäftigt. Nur selten strecken sie ihre Fühler ein wenig heraus - aber bei jeder Unruhe und Bewegung erschrecken sie und ziehen sich noch tiefer in ihr Schneckenhaus zurück. Die Haut dieser Leute ist ganz dünn, deshalb sind sie schnell verletzt und dürfen auf keinen Fall gereizt werden. Manche haben sich zu ihrem Schutz lange Stacheln wachsen lassen und sehen aus wie Igel - aber weil sowieso jeder einen großen Bogen um den anderen macht, verletzen sie sich mit den Stacheln meistens nur selber. Häufig hört man in diesem Land Sätze wie »laß mich in Ruhe«, »das geht mich nichts an«, »was kümmern mich die anderen«.

Nicht viel besser ist es im Lande »zieh mich - hau mich«. Dort geht es lebhafter und lauter zu - so laut, daß man schon genau hinhören muß, um auch das leise Weinen zu hören, das es mitten im allgemeinen Gelärme gibt. Hier gibt es nichts, um das nicht sofort ein Streit entsteht. Hat jemand etwas, kommt sofort ein anderer und will es auch haben. Gibt der erste es nicht freiwillig, versucht der andere es ihm mit Gewalt wegzunehmen. Ein jeder will stärker als die anderen sein und bestimmen dürfen, was die anderen zu tun und lassen haben. Denn die Stärkeren wissen immer, was für die andern gut ist, denkt man in diesem Land. Die Schwächeren bekommen immer mehr Angst vor den Stärkeren, weil ihnen nichts übrigbleibt, als sich zu fügen. Aber auch die Stärkeren haben Angst, denn es gibt immer noch stärkere. Häuser habe ich keine gesehen in diesem Land, die Leute sind immer außer sich und hocken einander auf der Pelle und gehen einander auf die Nerven. Viele haben Verbände an verschiedenen Körperteilen, weil sie Verletzungen abbekommen haben. Und vielen merkt man auch an, daß sie tief in ihrem Inneren Verletzungen haben, auf die man nicht so schnell ein Pflaster kleben kann. Miteinander reden können die Leute in diesem Land nicht, manche geben Befehle, andere brüllen, meckern oder schreien sich an - aber miteinander reden - das hat man hier verlernt. Auch in diesem Land ist die Kunst der Berührung unbekannt.

In einem anderen Land - ich weiß nicht einmal wie es heißt - sehe ich Menschen, die haben ein Lächeln auf den Lippen.

Andere winken sich zu.

Es gibt welche, die einander zuhören und sich umeinander kümmern.

Es gibt auch Streit, aber dann kann man sich auch den Arm auf die Schulter legen und sagen: es ist wieder gut.

Manche gehen spazieren und halten sich an der Hand.

Menschen, die sich mögen, geben sich in aller Öffentlichkeit einen Kuß auf die Wange.

Ich höre Musik.

Menschen lassen sich von den Klängen und vom
Rhythmus der Musik bewegen.

Jetzt verstehe ich das Lied das die Leute singen:

Ein Lied, das vom Frieden erzählt.

Sie wünschen sich gegenseitig Frieden.

Sie ermutigen sich gegenseitig, in Frieden zu leben.

Sie gehen aufeinander zu und berühren sich, sie lassen los und drehen sich im Kreis.

Sie laden mich behutsam ein, mitzutun, mich in Bewegung bringen zu lassen und nicht länger Zuschauer zu bleiben.

Ist es ein Traum - gibt es ein solches Land?

Offensichtlich war Jesus einer, bei dem war dieser Traum Wirklichkeit. Da fühlten die Menschen sich angenommen. Da wurden sie in ihrer Tiefe angerührt. Von ihm ging ein ganz besonderer Geist aus, da konnte ein Funke der Begeisterung überspringen - wenigstens auf die, die Berührung mit ihm suchen und sich von ihm berühren lassen.

Viele suchen ihn auf,
um ihn zu hören
und um befreit zu werden
von ihren Wunden und Verletzungen.
Die von schlimmen Gedanken
geplagt sind,
die von Enttäuschungen und Sorgen
erdrückt werden,
können aufatmen
und neuen Mut schöpfen.
Ganz nahe
wollen die Leute bei ihm sein
und ihn berühren,
denn sie spüren:
eine Kraft geht von ihm aus,
die alles heilen kann.

(nach Lk 6)

Berühren -
das setzt Nähe und Vertrauen voraus,
aber auch Fremdheit und Distanz.
Du bist anders als ich
und läßt mich anders sein als du.
Ohne mir Würde und Freiheit zu nehmen,
ohne den Versuch der Vereinnahmung,
ohne unterschwellige Gewalt,
ohne Zupacken und Festklammern -
ganz freiwillig
können wir aufeinander zugehen,
uns treffen
und ich staune:
Du rührst etwas in mir an,
was mir ohne dich fremd geblieben wäre.
Ich kann die Grenze
meines engen Ichs überschreiten
spüre ein Kribbeln,
belebende Wärme.
Es kann etwas Neues wachsen
wenn ich mich berühren lasse.

Nikodemus

Ein gestandener Mann
angesehen, erfolgreich
schleicht allein
bei Nacht und Nebel
zu einem, von dem er gehört hat,
er sei ein Lehrer,
er könne Zeichen wirken,
Gott sei mit ihm.

Jesus hat Zeit für ihn,
hört zu,
nimmt hinter seinen Worten
eine tiefere Sehnsucht wahr:
Da ist jemandem das Leben
zur Frage geworden.
Da gibt es vieles,
das den freien Blick verstellt
und die Luft zum Atmen nimmt.
Da geht für jemand ein Weg zu Ende,
da sucht jemand einen neuen Anfang.

Und er gibt ihm eine
merkwürdige Antwort:
Wenn jemand nicht von neuem geboren wird,
wie will er da an der Fülle des Lebens
Anteil haben?

Da wehrt sich alles in Nikodemus:
Wie kann einer,
der erwachsen ist,
der schon so alt ist wie er,
neu geboren werden?
Wie soll bei mir noch einmal

neue Lebendigkeit aufbrechen,
wo doch in meinem Leben
längst alles geregelt
und festgelegt ist,
da ist doch alles gelaufen -
wie soll da noch etwas Neues
beginnen?

Jesus redet ihm seine Bedenken nicht aus,
sondern beginnt vom Wind zu erzählen:
Er weht, wo er will,
du hörst sein Brausen,
spürst seine Kraft,
aber du weißt nicht,
woher er kommt
und wohin er geht.
So wie der Wind, ist auch der Geist,
der dich anstecken will,
mit seinem fröhlichen Spiel,
mit seiner Einladung zu überraschenden Wendungen,
mit seiner stürmischen Anstiftung
zu neuem Leben.

nach Johannes 3

Steh auf und flieh nach Ägypten
(Mt 2,13)

Redet nur
von standhalten
mutig ausharren
trotzig durchhalten -
aber ich halte es
nicht länger hier aus

Nennt es
Flucht
oder Feigheit
oder sonstwie -
es ist mein einziger Weg
nicht unterzugehen

Von allen Seiten
bin ich umzingelt
bedrängt -
fast haben sie mich
schon völlig
im Griff

Glaubt nur nicht
ich schleiche davon
verschwinde spurlos
weil ich was Besseres
gefunden habe

Wißt ihr
wie schwer es ist
alle Pläne
aufzugeben?

Ich weiß nicht
wohin
aber hier
gibt es für mich
keine Bleibe mehr

Ein Verwundeter
bin ich
der vielleicht
ins Leere läuft

Wirklich -
manchmal kann man
sich selber nur treu bleiben
wenn man aufsteht
und geht

Vater - Gott

»Vater unser ...« - was verbinde ich mit »Vater«? Der eigene Vater ... Bilder von »Gott-Vater« (mit zunehmend mütterlichen Zügen) ... immer mehr auch eigene Erfahrungen des Vaterwerdens und Vaterseins. Von einigen solchen »Vatererfahrungen« soll hier die Rede sein.

Seit Stunden sind wir schon in der Klinik, die Geburt des Kindes steht kurz bevor, alles im Kreißsaal ist gerichtet, die Stimmung entspannt, hin und wieder schauen die Hebamme oder die Ärztin vorbei; endlich deuten alle Anzeichen darauf hin, daß es bald losgehen wird. Ich beneide die Hebamme um die Ruhe und Sicherheit, die sie ausstrahlt. Ich selbst werde immer »nerviger«, denn schließlich kann doch eine ganze Menge schiefgehen. Dann werden die Wehen massiver, für meine Frau wird es anstrengend, schmerzhaft, sie versucht ruhig zu atmen, so folgt eine Welle auf die andere, die Erholungspausen werden immer kürzer.

Ich sitze daneben, stütze den Rücken, streiche über ihre Haare, und immer mehr wächst in mir das Gefühl der Ohnmacht: verdammt sein zum Danebensitzen, selbst aufgewühlt, fast nichts machen können als abwarten, sich ganz auf den Sachverstand der anderen verlassen müssen. Ich, der werdende Vater, der doch alles mit ins Rollen gebracht hat, kann jetzt nichts tun und muß den Geschehnissen ihren eigenen Lauf lassen ...

Da war er auf einmal da, dieser merkwürdige Gedanke: So ähnlich wie dir ergeht es auch Gott. So wie du als Vater jetzt ohnmächtig danebenhocken mußt, so ohnmächtig muß sich auch Gott vorkommen, so muß auch er zusehen, was aus dem wird, das er angestoßen, ins Rollen gebracht, erzeugt, gewollt hat, was wir mit seiner guten Schöpfung anstellen, was wir als seine Ebenbilder aus unserer Freiheit machen... Erst bin ich erschrocken über diesen Gedanken: So darfst du doch nicht von Gott, dem »allmächtigen Herrn«, denken - aber er war jetzt nicht mehr der allmächtige Herr hoch über mir, er saß neben mir im Kreißsaal. Zwei »Väter ohne Macht«, faszinierte und ohnmächtige Zeugen des Geschehens. Und ich fand IHN auf einmal »sympathisch«, er litt und bangte mit uns.

Meine Frau sagte dann später: Gut, daß du dabei warst. Sie hat recht: Es ist gut, wenn einer dabei ist, auch wenn er nicht viel machen kann, außer dazusein.

So ist auch Gott: Er ist da, er hält die Ohnmacht der Liebe mit uns aus.

Eine andere Situation: Tief in der Nacht schrecke ich auf, weil ein Kind weint, schreit, keine Ruhe gibt - es kann nicht schlafen. Da spüre ich, wie schwer es fällt, aufzustehen und hinzugehen, um zu schauen, was los ist. Zugegeben, es ist meistens meine Frau, die aufsteht, und nicht selten höre ich am Frühstückstisch: Also heute nacht ging es wieder drunter und drüber. Wie konntest du nur so tief schlafen und nichts hören? In einer solchen Nacht fiel mir ein Wort ein, das Gott zugesprochen wird: »Ich habe das Schreien meines Volkes gehört«, und ich dachte auch an die ganze Geschichte, auf die sich Gott mit dem Volk Israel einließ, weil er nicht weghörte, überhörte und sie nicht ihrem Schicksal überließ. Wie ich so dastehe, das Kind aus dem Bettchen geholt habe, es versuche zu beruhigen, da kommt mir immer wieder von den Lippen: »Ich bin doch da, du brauchst doch keine Angst zu haben« - so ähnlich hat es doch auch Jahwe zum Volk Israel gesagt, damals, ganz am Anfang, als er seinen Namen offenbarte. »Glauben« heißt dann: Wenn jemand schreit, nicht weghören, sondern aufstehen. So ist Gott: Er hört die, die zu ihm rufen; er ist da, er tröstet und befreit aus Angst und Dunkel.

Eine letzte Situation: Das Kind lernt laufen. Es ist ein großartiger Augenblick, wenn es nicht mehr auf dem Boden rollt und krabbelt, sondern zum ersten Mal auf den eigenen Füßen steht, noch unsicher, Halt sucht, kleine Schritte versucht, den aufrechten Gang wagt, sich an meine Hand klammert, dann für einen Augenblick frei steht, voller Gewißheit, daß es aufgefangen und gehalten wird, wenn es das Gleichgewicht verliert.

Es ist nicht leicht, loszulassen, sein Kind eigene Wege gehen zu lassen - was kann da alles passieren, vor wieviel Schaden möchte man sein Kind am liebsten bewahren!

Aber so ist Gott: Er will, daß wir aufrecht gehen, er fängt uns auf, er macht Mut, zu kleinen und dann zu größeren Schritten, er traut uns zu, daß wir unseren eigenen Weg finden und gehen...

Die Überschwemmung

Eine Geschichte aus Bangladesch. Es gibt dort viele Überschwemmungen. Eines Tages nahte sich wieder einmal eine Flutwelle vom Ganges-Delta her einem kleinen Dorf. Das Dorf sollte evakuiert werden. In ihm lebte ein weiser, weithin geschätzter, heiliger Mann. Der Bürgermeister ging zu dem Heiligen und sagte: »Wir alle müssen unser Dorf verlassen, auch du mußt das tun. Sonst wird die Flutwelle uns ertränken.« Darauf der Heilige: »Mein Leben lang lebe ich in diesem Haus. Gott hat mich bis jetzt geschützt. Er wird mich auch weiterhin schützen. Ich gehe nicht fort.«

Das Dorf wurde evakuiert. Die Flutwelle kam, schließlich stand das Wasser bereits bis zum ersten Stock der kleinen Häuser, die es in diesem Dorf gab.

Weil die Dorfbewohner ihren Heiligen so sehr liebten, schickten sie ihm ein Boot. Der Heilige schaute aus seinem Fenster, bis zu den Knien im Wasser, und sagte: »Gott schützt mich, ich gehe nicht fort.«

Die Flutwelle stieg weiter. Der heilige Mann floh aufs Dach seines Hauses. Und weil unsere Geschichte eine moderne ist, schickten die Dorfbewohner, die sich ein Leben ohne ihn nicht vorstellen mochten, einen Hubschrauber.

Der weise Mann sagte zu dem Rettungspiloten: »Mein Leben lang habe ich in diesem Haus für Gott gewirkt. Ich danke dir, aber ich gehe nicht fort von hier. Gott wird mich schützen.«

Was denken Sie, wird der heilige Mann gerettet?

Die Flutwelle stieg weiter und weiter, und der heilige Mann ertrank.

Weil er aber ein Heiliger war, kam er in den Himmel.

Wutentbrannt sagte er zu dem Türhüter - vielleicht war es der Erzengel Gabriel - am Eingang: »Ich will sofort zu Gott. Ich muß mich beschweren.«

Also brachte man ihn zu Gott. Zornig reckte er ihm seine Faust entgegen: »Mein Leben lang habe ich Dir gläubig gedient, habe Dir viele Menschen zugeführt, und Du läßt mich ersaufen.«

Darauf Gott: »Was kann ich denn tun? Erst schicke ich dir den Bürgermeister. Dann ein Boot. Dann den Hubschrauber. Was verlangst du denn noch?«

aber die stillen stunden
des beieinander-sitzens und zuhören-könnens
und des sprechens, fragens und antwortens ...
dies sind die brunnenstuben wahren
  menschenlebens
da wo wir als die alten das aufholen können
und auch stellvertretend besorgen,
was eine ganze aufgeklärte menschheit
unheilbringend in vergessenheit geraten ließ -
die biblischen geschichten passieren mitten
  unter uns.
da ist der alte simeon schmitz ...
und die betagte witwe hanna müller ...
sie harren aus als hochbetagte
warten auf das verheißene kommen einer
  neuen zeit ...
so wachend wartend und betend
bleiben sie äußerst jung und offen ...
lassen wir uns dies erzählen!

Wilhelm Willms

Öffne dich

Verborgen bleibt Gott
wenn du ihn suchst
in Lärm und Geschäftigkeit

In den leisen Tönen des Lebens
wird er dir begegnen

überraschend
unaufdringlich
und voller Zärtlichkeit

Darum schaffe Raum
für Ruhe und Stille

Öffne dich
damit er dich finden kann
in den Tiefen deiner Sehnsucht

Verfasser unbekannt

Anstöße zu mehr Lebensfreude

1. Neue Aufgaben anpacken

Überlegen Sie, welche Aufgaben sich heute stellen, die es vor 10 Jahren noch nicht für Sie gab. Können Sie solche Aufgaben als Herausforderung annehmen - oder schieben Sie sie möglichst lange vor sich her? Nehmen Sie sich für jeden Tag eine kleine Aufgabe vor: etwas, das Sie normalerweise nicht machen oder für das Sie sich ein wenig überwinden müssen: ein neues Kochrezept ausprobieren, jemanden anrufen oder schreiben, zu einer Veranstaltung gehen bei der Sie niemanden kennen, ohne besondere Absicht durch die Fußgängerzone bummeln, einem Kind Geschichten vorlesen, ins Thermalbad gehen, einen Kranken besuchen, die Küche neu streichen...

2. Leid aushalten

Gehen Sie Menschen, denen es nicht gut geht, am liebsten aus dem Weg? Versuchen Sie in Gesprächen über Leid und Trauer schnell zu vertrösten und das Gespräch auf »angenehmere« Themen zu lenken? Und wenn es Ihnen selbst schlecht geht? Besser ist es, sich zusammen mit anderen Menschen solchen Situationen zu stellen, als alle Sorgen in sich hineinzufressen und sich bei Alkohol, Nikotin und Medikamenten Trost zu suchen.

3. Selbständigkeit genießen

Versuchen Sie einmal in ganz alltäglichen Dingen, so selbständig wie möglich anfallende »Aufgaben« zu lösen. Angefangen vom Schuheputzen, dem Heraussuchen einer Zugverbindung, dem Ausfüllen eines Schecks, dem Einkaufen und Kochen... Haben Sie aber auch keine Hemmungen, Hilfe in Anspruch zu nehmen, wenn es nötig ist.

4. Kontakte knüpfen
Suchen Sie bewußt Kontakte außerhalb Ihrer Verwandtschaft, z. B. in der Nachbarschaft, zu Menschen mit gleichen Interessen. Versuchen Sie einmal, an der Bushaltestelle oder beim Einkaufen mit anderen Menschen in ein Gespräch zu kommen.

5. Alleinsein aushalten
Wie geht es Ihnen, wenn Sie allein in einem Zimmer sind, ohne Ablenkung wie Musik, Radio, Fernsehen - können Sie die Stille genießen? Vielleicht können Sie auch ab und zu Orte aufsuchen, die zu Stille und Sammlung einladen, z. B. eine Kirche, ein Park, ein Museum.

6. Hobbys wiederentdecken
Knüpfen Sie an Hobbys und Interessen an, die Ihnen früher Spaß gemacht haben und zu denen Sie schon lange keine Zeit oder Gelegenheit gehabt haben. Fragen Sie nicht gleich was es »bringt« und suchen Sie keine Perfektion, sondern haben Sie den Mut, ganz persönliche Ausdrucksformen zu finden.

7. Loslassen können
Loslassen und Abschied nehmen ist keine leichte Kunst. Aber man kann sie einüben: Loslassen und Verschenken von Besitz, Abschiednehmen von Tätigkeiten, Gedanken, von Menschen, die ihre eigenen Wege gehen; Verschenken seiner Zeit an andere...

8. Sich selbst Gutes tun
Gönnen Sie sich ab und zu etwas Gutes und meinen Sie nicht gleich »egoistisch zu sein«, zum Beispiel einmal richtig ausschlafen, gemütlich frühstücken,

ein Wannenbad nehmen, sich eine Massage gönnen, sich verwöhnen lassen...

9. Das Kind in sich lebendig halten
Stehen Sie auch zu Ihren »verrückten« Ideen und spontanen Entschlüssen. Verbieten Sie sich Sätze wie *»in meinem Alter macht man das nicht mehr...«* und *»das ist doch kindisch«*. Können Sie noch Spielen, Staunen, ganz im Augenblick leben...? Bestimmt! Vielleicht fällt's leichter mit Kindern zusammen?!

10. Entscheidungen treffen
Entscheidungen sind oft schmerzlich, deswegen schiebt man sie gerne vor sich her oder wartet ab, bis sich die Dinge von selbst »lösen« - aber hinterher ist die Unzufriedenheit oft groß und es ist zu spät, noch etwas zu ändern. Packen Sie notwendige Klärungen und Entscheidungen an. Geben Sie sich nicht mit faulen Kompromissen zufrieden. Werden Sie sich darüber klar, was Sie selbst wollen, sagen Sie bewußt »ja« oder »nein« - mit allen Konsequenzen (*»Wer für alles offen ist, kann nicht ganz dicht sein«*)

11. Interessen vertreten
Für welche Anliegen »lohnt« es Ihrer Meinung nach, sich einzusetzen - am besten mit anderen zusammen? Dabei geht es nicht nur darum, die unmittelbaren eigenen Interessen zu verfolgen. Auch dort, wo unsere Lebensgrundlagen und die Solidarität der Generationen auf dem Spiel stehen, wo mehr Gerechtigkeit notwendig ist, wo es gilt Frieden zu schaffen... ist es wichtig, daß Ältere sich nicht in ihr privates Schneckenhäuschen zurückziehen, sondern mitreden, sich einmischen und um faire Konfliktlösungen bemühen.

12. Zu den eigenen Stärken stehen
Einmal nicht auf das schauen, was ich nicht so gut kann oder nicht mehr kann, sondern wahrnehmen, was meine besonderen Begabungen und Fähigkeiten sind! Um diese Stärken zu entdecken, hilft es, anderen Menschen mitzuteilen, was ich an ihnen schätze und was ich ihnen zutraue. So können wir einander ermutigen, unsere Stärken auch tatsächlich zu entfalten.

Quellennachweis

S. 26: Martin Buber: *Der Weg des Menschen nach der chassidischen Lehre.* Verlag Lambert Schneider, Gerlingen: 11. Aufl. 1994

S.32: Barbara König, *Schule des Alterns* (unveröffentlicht). © 1996 Carl Hanser Verlag, München, Wien.

S.38: Hermann Hesse: *Mit der Reife wird man jünger - Betrachtungen und Gedichte über das Alter.* Aus: Gesammelte Werke. © Suhrkamp Verlag, Frankfurt am Main 1970. „Chinesische Parabel"157

S.44: Sybille Fritsch-Oppermann, in: Richard Boeckler, Klaus Dischauer (Hg.): *Emanzipiertes Alter.* Bd. 1. Göttingen: Vandenhoeck & Ruprecht, 1990.

S.56: Kurt Marti: *Für eine Welt ohne Angst.* Wuppertal: Peter Hammer, 2.Aufl. 1986.

S.65, 106: Vilma Sturm: *Alte Tage.* Köln: Kiepenheuer und Witsch, 1990.

S.74: Theresia Hauser: *Du hast mich geführt - sich betend erinnern.* Freiburg: Herder, 1991.

S.107: Marie Luise Kaschnitz: *Steht noch dahin.* Frankfurt: Insel, 1995.

S.108: Maxie Wander: *Leben wär' eine prima Alternative. Tagebücher und Briefe.* Wien: Fred Wander Verlag, 1994.

S.113: Hilde Hofmann: *Die Tage, die uns nicht gefallen.* Metzingen: Brunnquell, 1963.

S.114: Marianne Dirks, in: Gerta Scharffenorth (Hg.): *Werft eure Zuversicht nicht weg! Alterserfahrungen im Spiegel der Bibel.* Freiburg: Herder, 1992.

S.118: Pablo Neruda, aus: *Gewisser Überdruß,* in: ders.: *Viele sind wir.* Darmstadt.

S.124: Henri Nouwen: *Die Gabe der Vollendung. Mit dem Sterben leben.* Freiburg: Herder, 2.Aufl.1995.

S.126: Lothar Zenetti: *Sieben Farben hat das Licht.* München: Pfeiffer, 2.Aufl.1987.

S.131 f.: Bernhard Kraus, in: Gerta Scharffenorth (Hg.): *Werft Eure Zuversicht nicht weg! Alterserfahrungen im Spiegel der Bibel.* Freiburg: Herder, 1992.

Alle nicht gekennzeichneten Texte sind von Bernhard Kraus verfaßt.
Die Illustrationen zeichnete Johannes Kraus.
Der Holzschnitt auf S.75 stammt von Stefan Hassenstein.
Soweit Rechtsinhaber nicht ausfindig gemacht werden konnten, bitten wir diese, sich an den Verlag zu wenden.

Die Kunst des Alterns

Alfons Auer
Geglücktes Altern
Eine theologisch-ethische Ermutigung
2.Auflage, 282 Seiten, gebunden mit Schutzumschlag
ISBN 3-451-23641-9

„Die Chance nutzen, die Zumutungen annehmen, die Erfüllung auskosten" - das ist das Motto dieses Buches. Ein großes Werk, in dem sich sachliche Nüchternheit und ermutigender Zuspruch auf das Günstigste verbinden.

Adalbert Ludwig Balling
Dem Tiefsten im Menschen Stimme geben
Lesebuch des Lebens
224 Seiten, gebunden
ISBN 3-451-22777-0

Wer zu lieben weiß, weiß auch zu leben. In der Liebe verbergen sich die vielen Schritte der Kunst, mit sich und den Menschen im Frieden zu sein. Ein Lesebuch des Lebens und des Liebens - besonders für Menschen in der zweiten Lebenshälfte.

Herder Freiburg - Basel - Wien

Impulse für jeden Tag

Herders Hausbuch der Gebete
Ausgewählt von Werner Schaube
256 Seiten, gebunden
ISBN 3-451-23312-6

Die kostbarsten Gebete aus Tradition und Gegenwart sind hier gesammelt - moderne Texte ebenso wie die Gebete der Mystiker und Heiligen, der Dichter und Denker. Ein spirituelles Wurzelwerk für den Alltag, für helle und dunkle Stunden.

Elmar Gruber
Deine Nähe täglich ein Geschenk
Jahreslesebuch
2. Auflage, 400 Seiten, gebunden mit Schutzumschlag
ISBN 3-451-23496-3

Praktische Tagestexte zur Orientierung und Besinnung, die persönlich, überzeugend und lebensnah Impulse für eine lebendige Spiritualität abgeben. Ein zeitgemäßer religiöser Begleiter an jedem Tag des Jahres.